무위

한국 정치의 미적 구성을 위한 세론 ㅡ

무위

지금 동학이란
무엇인가

신철하 지음

울력

ⓒ 2023 신철하

무위
한국 정치의 미적 구성을 위한 세론:
지금 동학이란 무엇인가

지은이 | 신철하
펴낸이 | 강동호
펴낸곳 | 도서출판 울력
1판 1쇄 | 2023년 11월 15일
등록번호 | 제25100-2002-000004호(2002. 12. 03)
주소 | 서울시 구로구 개봉로23가길 111, 108-402 (개봉동)
전화 | 02-2614-4054
팩스 | 0502-500-4055
E-mail | ulyuck@naver.com
가격 | 16,000원

ISBN 979-11-85136-73-8 03800

· 지은이와 협의하여 인지는 생략합니다.
· 저작권법에 의해 보호를 받는 저작물이므로 무단 전재나 복제를 금합니다.

曰吾道 無爲而化矣…造化者 無爲而化也
― 崔濟愚

造化 玄妙無爲
― 崔時亨

爲無爲則無不治
― 老子

감정을 제어하고 억제함에 있어서 인간의 무능력을 나는 예속(/노예상태)이라고 한다. 왜냐하면 감정에 종속된 인간은 자기 자신을 다스리지 못하고 운명의 지배 아래에 있으며 스스로 더 좋은 것을 보면서도 더 나쁜 것을 따르도록 종종 강제될 정도로 운명의 힘 안에 있기 때문이다.

— 바뤼흐 데 스피노자

일러두기
1. 이 책은 띄어쓰기를 원칙으로 하였다. 하지만 국립국어원 표준국어대사전에 수록된 표제어는 붙여 썼다.
2. 본문 중 외래어 표기는 외래어 표기법 용례를 기준으로 하였다. 하지만 일부 표기는 지은이 의견에 따랐다.
3. 본문에서 책과 잡지 등은 『 』로 표시하였고, 논문과 기사, 짧은 글 등은 「 」로 표시하였다. 그리고 영화와 드라마, 음악 등의 작품은 〈 〉로 표시하였다.
4. 주석은 각 부의 끝에 배치하였다.

머리말

무희망의 희망

  상강 지나 입동으로 향하는 계절의 풍경은 적막하다. 정방사를 싸고 있는 알싸한 새벽 공기와 고요가 한 계절의 감각을 대신하는 듯, 오래된 기억의 이미지 몇, 이 공간과 시간의 실타래를 풀어헤치고 물안개처럼 피어오르는 찰나 아! 낮은 탄식을 나도 모르게 내뱉곤 이내 소스라치는 자신을 발견한다. 무엇이 무의식적으로 내 몸과 마음을 뒤흔들어 짧은 탄식에 이르게 했을까. 지난밤 대강리(丹陽) 지나며 잠깐 상념에 빠져 최시형의 자취를 상기했던 기억-이미지를 떠올렸다. … 새벽 풍경 소리가 현실을 일깨우는 듯 강물에 반사된 햇살이 따사롭다는 생각을 했다. 한 시대의 대요를 거의 봉합하고 여기 서 있다. 무엇을 더 할 수 있을까. 순간 무망할지 모른다는 상념이 스쳤다. 그렇긴 하지만 그것은 그것들대로 그윽하다. (2019)

  이 땅의 역사를 내밀하게 응시했다. 말의 엄밀한 의미에서 인민을 위해 존재했던 국가는 이곳에 없었다. 대신 그들은 지속적으로 착취의 대상, 일상의 타자로만 겨우 생명을 보존할 수 있었다. 숙고해 볼 때, 민주화와 산업화에 성공했다고 희화되는 현재도 그것은 나아지지 않은 것처럼 보인다. 최제우가 그랬던 것처럼, 우리는 또다시 일제강점기 이후 국가에 대해 정확하게 재고해야 할 터닝포인트에 직면해 있다. 국가 이후의 국가, 국가 없는 국가의 어젠다를 시대를 향해 투사한다. 에코아나키로 달리 호명될 국가 이후의 국가로 가는 키포인트로 지역 자치의 실질적 재구조화를 면밀하게 숙의하고 결행하기 위한 정치적 발의가 요구된다. 김대중의 정치적 퍼포먼스를(현 남한 지역 자치는 그의 단식투쟁을 통해 당시 의회의 절대 열세를 딛고 불가능을 가능으로 전환한 당대의 정치적 사건으로 평가된다) 탁월하게 전개하는 것과 일정하게 조응하는 그것의 백미는 "조국의 평화적 통일을 염원하는 온 겨레의 숭고한 뜻에 따라" 2000년 6월 15일 한국의 대통령 김대중과 조선민주주의 인민공화국 김정일 국방위원장 사이에 평양 백화원에서 합의된 6·15남북공동선언이며, 그 중심 테제에는 "남과 북은 남측의 연합제 안과 북측의 낮은 단계의 연방제 안이 서로 공통성이 있다고 인정한다"고 명시돼 있다. 나는 이 매혹적인 메타포의 문안을 지금-여기 다시 소환한다. (2020)

내가 동학에 관심을 가진 계기는 그리 깊지 않다. 노자를 정독하는 과정에서 혹은 이 땅의 과거와 현재를 이리저리 궁리하다, 조금 더 나아가 내 시간 전체를 회한으로 골똘히 들여다보다, 반복되는 선잠의 불편한 기억의 조각들을 꿰맞추며 화들짝 놀라 어찌할 바 모를 때 문득 한 화두가 떠올랐다. 이 글에서 무위는 어두운 기억의 저편에 웅숭깊고 미묘한 에너지의 형태로 내재하는 현묘한 '그것'이다. 아리랑에서 나는 그 자질을 정확하게 숙지했고, 인민의 일상과 내면에 깊고 음험하게 똬리를 틀고 있는 미륵(彌勒)의 질기고 오랜 흔적들에서, 그리고 계(契)의 현재태에서, 나아가 암호 화폐에 흐르고 있는 무의식적 열광의 에너지와 좌절에서 무위의 웅숭깊은 진리를 재확인했다. 내가 읽고 체득한 동학은 종교가 아니라 시대의 언어로서만 자신의 지위를 할당받을 수 있는 역사의 아포리아였다. 그런 점에서 지금 동학을 둘러싼 온갖 종교적 문건과 소음들은 배설 이상도 이하도 아닌 것처럼 보인다. 최제우는 실패한 시대인이다. 중요한 것은 조선 전체 지식인 중 자신의 한계를 정확하고 처절하게 직시한 인물은 최제우가 거의 유일하다는 점이다. 이황도 정약용도 최한기와 황매천도 그리고 어떤 조선의 지식인도 자신의 위상을 냉철하게 응시하고 그 근본 문제를 기록하지 않았으며, 그렇다는 점에서 그들과 그 지식은 기껏해야 체제 내 아류(노예) 지식(인)으로만 유효(용)하다. 최제우는 자신이 처한 환경과 신분을 비교적 정확하게 통찰하고 체제 내의 궁핍한 지식인임을 처절하게 자기화한 위인이다. 최제우의 도약은 그 체제 내 자기모순과의 싸움에서 일어난 것이다. 그가 노자의 무위를 노자보다 더 높은 단계로 올려놓은 것은 이 때문이다. 동학으로 호명된『동경대전』에서 그가 무위를 발화할 때 대부분의 세속적 아류들은 그것을 말 그대로 하지 않아도 이루어지는 (기적의) 어떤 것이거나, 기껏해야 최제우의 신묘한 능력으로 이루어지는 무엇이거나, 문자 그대로 (거대 자연의 질서에 순응하는) 자연스러운 상태의 것을 말하는 것처럼 이해하는 것이 고작이었다. 그러나 우리는 최제우가 체제 내에서 체제의 모순과 자신의 한계를 처절하게 고민한 바로 그 깊은 좌절의 포인트에서 자신도 잘 알 수 없는 미지의 좌표를 향해 나아가고자 한 변곡점이 무위의 리비도였음을 응시할 수 있는 혜안이 필요하다. 무위는 그 실체를 헤아리기 어려운 잠재태다. 최제우를 '오직' '몸으로' '체득하고' 더 나아간 최시형이 무위의 능동형, 나아가 일촉즉발의 반시대와 반생명이 압도하는 19세기 조선 현실에 '현묘무위'로 생명 정치를 관철시켰다. 그러므로 19세기의 이 위대한 사건은 과거형이 아니라 현재진행형이다. (2021)

    나는 지금까지의 동학에 대한 문건들을 소각한다. 그것은 그것들 나름대로의 의미를 지니고 있다. 그렇긴 하지만 그 의미는 적확하게 그것이 가진 내밀한 목적과 용도에 맞춰 종교나 체제 내의 이런저런 기록 이상을 넘어서지 못하고 있다. 최제우가 19세기 부패하고 부조리한 반생명의 조선 현실을 타개할 하나의 화두로 '시천주'를 제시했을 때, 나아가 동학이 인민 봉기를 통해 3·1 운동과 5·18 봉기에까지 이어질 수 있었던 근본적 동인은, 인민의 마음을 결속할 내면의 테제가 있었기 때문에 가능한 것이었다. 나는 그 핵심을 '무위'로 판단한다. 최제우에게 무위는 종교적 행위임과 아울러 종교를 해체하고 넘어서는 정치적 '포월'의 리비도를 포괄한다. 그것의 기원은 노자의 자연 정치와 주역(周易)에 정초하지만, 최시형의 '현묘무위'에 이르러 그것을 넘어서는 잠재성을 잉태하게 된다. 우리는 노자의 무위가 궁극적으로 지향하는 것이 무위의 정치(爲無爲則無不治)라는 것을 헤아릴 수 있다. '현묘무위'는 그러나 단순하게 인위의 대항 개념이 아니다. 이 대목에서 17세기 이후 가장 위대한 철인으로 평가되는 스피노자의 '신즉자연(神卽自然, Deus sive natura)'을 인유할 수 있다. 최제우가 유교로 상징되는 조선의 이념을 전면적으로 해체하고 '무극대도'와 인격신으로서의 '한울님'을 제시할 때 그것은 종교(정치) 행위이면서 동시에 종교를 초월하는 이중 구속(double bind)의 전위를 선취한다. 최시형의 동학은 그런 점에서 종교적 행위로서의 인민 구속성과 부패하고 무능한 조선 해체 운동으로서의 종교 초월의 의미를 동시에 거느리고 있다. 다시 말해 그것은 스피노자가 신즉자연을 통해 중세(기독교) 해체를 모의한 것보다 더 높은 이상을 내재하고 있다. 무위란 바로 이 이중 구속의 에너지를 의미한다. 가장 높은 단계의 '신에 취한 인간'이었던 스피노자가 오히려 무신론자로 그의 공동체로부터 파문을 당한 것은 아이러니하게도 그의 무신론이 가장 높은 단계의 신에 대한 해석이면서 동시에 그의 현실을 구속하는 부조리한 신에 대한 혁명적 해체 행위의 의미를 띠고 있었기 때문이었다.

다시 한 번 나는 지금-여기 역사의 진리를 기억할 시대의 명령어를 기입한다. 무위는 동시대 종교와 정치의 전면적 해체를 향한 내면적 지침이자, 다른 목소리(구원)를 소망하는 모든 인민의 성화를 위한 리비도이다. 시대의 혁명이 충동하는 분기점에 요청되는 것은 그것을 촉발할 화두와 더불어 강력한 연대의 믿음을 공유할 수 있는 초월의 메시지일 것이다. 무위가 그 역동적 기제가 될 수 있다.

계묘 늦가을
저자

차 례

머리말 무희망의 희망 _ 9

동학과 무위 _ 17
자연주의(혹은 '충동-이미지') _ 19
스피노자 _ 27
무위 _ 39

무위의 코나투스 _ 57
미학과 정치 _ 59
동학의 노자 수용 _ 79
아리랑과 무위 _ 103

인민 봉기와 동학 _ 147
최시형 _ 149
동학 _ 156
인민 봉기 _ 166

에코아나키 — 국가 이후의 국가 _ 187

東經大全
布德文 _ 207
論學文 _ 215
修德文 _ 218
不然其然 _ 241

색인 _ 251

동학과 무위

자연주의(혹은 '충동-이미지')

스피노자

무위

자연주의(혹은 '충동-이미지')

자신이 직접 기획하고 연기한 시네마 〈노매드랜드〉에서 프랜시스 맥도맨드('편')는 두 번의 탈주(flight)를 감행한다. 탈주는 그녀가 그토록 열망하며 쌓아 올린 제국(?) 엠파이어로부터의 그것임과 동시에, 급전직하하고 있는 미국식 신자유주의 자본 시스템에 대한 결별의 사인이다. '편'의 내면은 무(無)로 향하는 잔영을 짙게 드리우고 있다. 마지막 탈주를 위해 그녀가 택한 곳은 남편의 체취가 여전히 남아 있을 것이라고 믿고 있는, 지금은 황량한 폐허로 변한 엠파이어의 옛집이다. 그것은 그녀가 최초에 그곳을 떠나 수없이 되풀이하며 번뇌했던 누적된 시간의 기억에 대한 그리움이자, 한편 탈주를 내면화하는 과정의 재확인을 위한 제의의 성격을 지닌다. 다시 원점으로 돌아간 그녀가 텅 빈 공간을 반추하며 마침내 뒷문으로 발을 옮기다 잠시 멈추고 황량한 벌판과 눈 덮인 산을 응시하는 이미지-쁠랑은 짙은 공허를 담고 있다. '편'의 내밀한 자기 죽이기는 그러나 역설적이게도 생명의 대 긍정을 향한 미래의 흐름 속에 있다. 최초 그 땅의 인민들이 희망했던 자연주의를 향한 그 열망은 은밀하게 강렬하면서 한편으로 충동적 허무를 배면에 깔고 있다.

단도직입적으로 말해 자연주의를 향한 리비도와 허무는 무위의 본질이다. 노자가 최초에 '무위의 정치'(爲無爲則無不治)라고[1] 직시했으며, 최제우와 최시형이 이에 호응하여 '동학의 진리는 무위의 진리다'(曰吾道 無爲而化矣…造化者 無爲而化也, 造化玄妙無爲)라고[2] 설파한 19세기 최고의 인민 생명운동의 숙주였던 무위는, 다른 한편으로 스피노자의 '자연주의'를 통해 이 시대 생명의 화두로 재소환되고 있다. 스피노자를 정독하는 과정에서 그 심연을 엿본 들뢰즈는 그의 (거의) 말년에 심혈을 기울여 기획한 『시네마』에서 "정동에서 행동으로 넘어가는 사이에 충동-이미지가 존재한다. 충동-이미지를 그토록 도달하기 어렵고, 나아가 정의내리거나 확인하기 어려운 것으로 만드는 것은 그것이 일종의 정동-이미지와 행동-이미지의 사이에 끼어 있기 때문"이라고 주장하면서, "충동-이미지는 자연주의의 본질 속에 녹아 있다"는 의미심장한 결론에 도달한다. "신의 섭리는 참으로 자연의 질서 외에 아무것도 아니다"라는 그 함의의 바탕을 지배하는 것은 충동(이미지)이다. 들뢰즈는 스피노자의 자연주의에 내재한 근원적 폭력성을 예리하게 포착한다. 자연주의에 내재한 근원적 세계는 '매우 특수한 폭력의 세계'인데, 그것을 그는 '시네마'의 충동-이미지로 소환함으로써 "충동의 근원적 폭력성은 항상 행위의 상태에 있으나 행동(이미지)에 비해 [그것은] 너무 크다. 파생적 공간 속에서 그에 걸맞을 정도의 크기를 지닌 행동은 없다고 할 수 있"는데, 〈노매드랜드〉의 펀처럼 스스로 "충동의 폭력성에 사로잡힌 인물은 자신에 대해 전율하며 자기 자신의 충동의 먹이, 희생물이 된다. 그는 더 이상 무엇을 해야 할지 모를 때, 그 폭력성에 자신을 맡기게" 된다고 언명한다. 이것이 자연주의의 본질이며 무위가 바로 그 리비도의 핵심과 맞닿아 있다.

 영화에서 우리가 대부분 놓치고 있는 부분 중 하나가 '펀'의 내면에 도사리고 있는 어두운 그림자일 것이다. 그것은 있을 수 있는 일이다. 제시카 부르더의 원본이 지니고 있던 르포 형식은 클레이 자오를 거치면서 약간 개칠·윤색되었는데, 그 결과 카메라의 언어는 펀의 행동과 내면의 흐름에 더 초점을 맞추고 있다. 클레이 자오의 그전 시네마 〈내 형제가 가르쳐준 노래〉(2015)나 〈로데오 카우보이〉(2017)를 접했던 독자(관객)들은 그녀의 몇 주요한 영화 작업 이미지를 아마도 이 영화의 '펀'을 통해서도 노출하고 있다는 느낌을 받았을 것이다. 그것들의 총합으로서의 어떤 것 중 하나가 바로 허무주의와 유사한 느낌을 엿보게 하는 그녀의 공허한 내면이다. 말하자면 자연주의의 충동, 혹은 그것으로부터 연원된 근원적 폭력성과 허무(혹은 허무주의)는 그녀의 영화를 지배하는 주요한 정조를 이룬다. 그래서 영화의 이 문제를 말하는 것에 대한 약간의 어려움은 그것을 펀의 특별한 삶의 이력으로부터 구하고 있는데, 2007년을 전후하여 발생한 '서브프라임 모기지 사태'(전쟁광인 네오콘과 부시 일당이 저지른 이라크 전쟁 과정에 쏟아부은 천문학적 재정 적자를 보충하기 위해 기획한 인위적 재정 정책으로 결과한)가 그것이다. 원본을 제공하고 있는 제시카 부르더는 르포 형식을 차용하여 이 금융 위기가 불러온 미 제국의 경제적 파국과 이로 인해 발생한 800만에 가까운 실직 노동자, 600만에 이르는 하우스리스의 삶을 치밀하게 고증한다. 말하자면 전혀 준비되어 있지 않았던 편의 가족 해체 과정도 이 충격으로부터 온 것이다.

영화는 "2011년 1월 31일 네바다주에 위치한 석고보드 기업 엠파이어는 서브프라임 모기지 사태 충격으로 인한 수요 감소 때문에 88년 만에 공장 폐쇄를 단행한다. 함께 번영을 누렸던 광산 도시 엠파이어도 7월 이후 우편번호 89405와 함께 소멸의 운명을 맞는다"라는 자막 숏으로 시작된다. 편에게는 결단의 시간이 기다리고 있다. 이 와중에 암 투병 중이던 남편을 잃은 그녀는 평생 헌신한 광산 작업복에 스며 있을지 모를 그의 체취를 기억하며 그와 함께 산 시간을 반추한다(그녀는 남편을 따라 흘러 들어온 광산 제국 엠파이어에서 초등학교 보조 교사로 5년 가까이, 또 회사 내 인사과 직원으로 이런저런 일을 하며 흔히 미국의 다른 중산층과 유사한 시간을 영위했다). 이제 나이 들어 환갑을 훌쩍 넘긴 그녀는 자신의 모든 삶의 추억을 간직한 집과 가재도구를 처분하여 힘겹게 장만한 고물 밴 뱅가드(선구자)를 끌고 [제국] 엠파이어로부터 탈주를 감행한다. 사실 그녀의 첫 번째 탈주는 명확한 '탈주선'을 확보하고 있지 못하다. 그것은 그녀에게 갑자기 충격한 국가파산의 상황을 감당할 수 없었기 때문인데, 정확하게 말해 그녀 자신이 이미 새로운 삶의 목표나 미래에 대한 희망을 걸 나이를 초과했기 때문이다. 갑자기 길을 잃은 양처럼 그녀는 잠시 망설인다. 눈 덮인 벌판 50번 국도 옆에서 용변을 볼 때 풀숏으로부터 클로즈업으로 포획한 그녀의 순간

표정이 그 모든 것을 말해 주고 있다. 궁극적으로 그것은 그녀가 처한 모호한 처지를 단적으로 웅변한다. 우리는 서브프라임 모기지 사태로 인한 미 제국의 실질적 파산이 무엇을 의미하는지 여기서 정확하게 직시해야 할 필요에 직면한다(그것이 우리가 경험한 비극 IMF 사태뿐만 아니라 신자유주의에 완전히 포획돼 있는 현 남한 미래와도 긴밀하게 호응하고 있기 때문). 자본주의는 태생적으로 파국을 거듭할 수밖에 없는 구조적 요인을 안고 있다. 특별히 레이건과 대처 이후 세계화의 형태로 강요된 신자유주의는 자유방임 행태의 금융자본에 과거와는 비교가 되지 않는 강력한 국가 개입을 노골화함으로써, 자본주의가 안고 있던 파국의 위험 주기를 더 짧고 충격을 크게 하는 결정적 계기로 작동하는 데 뇌관 역할을 했다. 전 세계적 노동 난민의 폭증은 그 결과물이다. 제시카 부르더는 이 문제를 「은퇴의 종말: 노동을 그만둔 삶을 감당할 수 없어질 때」에 정확하게 기입한다. 말하자면 영화에 등장하는 '밥 웰스'와 '린다 메이'는 이 충격의 실제 피해 당사자들이다. 미 제국의 실질적 파산으로 모기지 사태 당시 하우스리스로 내몰린 인민들은 무려 600만에 가까웠으며, 그 결과 약 800만의 노동 난민이 노매드로 유랑의 길에 들어섰다. 제시카는 린다 메이와 동행하면서 약 3년간 20,000km에 육박하는 길 위의 삶을 치밀하게 관찰-기록한다. 그 과정에서 그녀가 린다를 통해 얻은 명확한 통찰은 '지금 이 땅에서 노동의 의미란 무엇인가?'라는 근원적 질문이다. 예순네 살에 이르도록 뼈 빠지게 일만 하고 살아온 한 여성이 어떻게 안식할 집 한 칸도, 나아가 당장 하루를 영위할 돈과 음식

마저도 없이 유랑의 길로 내몰려야 하는지에 대한 긴급한 호소는 동시대 신자유주의와 미 자본주의에 가하는 강력한 어퍼컷이다. 말하자면 펀 역시 정확하게 린다의 아류로 편입된 인물인 셈이다. 그녀의 삶은 이제 '시작도 끝도 없는' 시간 속으로 진입한다. 공허한 시간은 무정하다. 펀의 일상은 말 그대로 무념무상의 시간이나 다름없는 어떤 것이다. 명확한 탈주선을 확보하지 못한 길 위의 삶이 그녀에게 속삭이는 것은 다시 집으로 돌아가라는 강력한 호소다. 그만큼 그녀는 거친 자연 앞에 무방비 상태로 노출된 삶 자체가 낯설고 두렵기까지 하다. 네브래스카 스코츠블러프(Scottsbluff) 등이나 사우스다코타 배드랜즈(Badlands) 국립공원, 월(Wall) 빌리지와 니들스 아이 터널(Needles Eye Tunnel)을 뱅가드로 정처 없이 이동하는 과정에서 '펀'은 신자유주의 대명사라 해도 과언이 아닌 악명 높은 '아마존 캠퍼포스' 계절제 일자리 노동과, 식당과 농장의 고된 알바, 테마파크 공원 임시직 등 저임금 고강도 노동에 무차별 착취당한다. 그리고 마침내 린다의 권유에도 불구하고 주저하며 그토록 망설였던 애리조나 퀸츠사이트의 한 RV 커뮤니티 캠프 행사에 참여하는 것을 계기로, 현 미국식 시스템에선 구조적으로 불가능한 '연민과 연대'라는 새로운 공동체에 눈을 뜨게 된다. 이곳은 실제 팔로워 50만 이상을 거느린 유튜버 밥 웰스가 운영하는 새로운 노매드 커뮤니티이다. 이 시네마에서 그의 존재는 제시카 부르더의 목소리와 겹쳐 유령의 그것처럼 반향된다. 그것은 미국의 현 단계 노동이 인민의 행복을 보장할 수 없다는 강력한 저항의 메아리와 등가이다. 문제는 그러나 제시카의 대의가 정확하게 무엇인지에 대해 물을 때 노출된다. 그녀가 편이나 린다를 통해 '소수자 되기'의 일종으로 이 체제로부터 탈주를 감행했을 때, '그 행동은 체제 밖으로 향한(/나아간) 것일까?'에 대한 회의는 이 영화가 안고 있는 근원적인 한계와 맞닿아 있다. 그녀는 이 사태의 본질이 전쟁광인 네오콘들의 불장난으로부터 기인하고 있다는 것에는 인식조차 난망하다. 클레이 자오의 연출은 그 뜨거운 모순의 주제를 소외시킨 후 한 실존의 새로운 삶이란 문명사적 호기심으로 포장한 채, 오직 '펀'의 내면에 감추고 있는 감정선을 따라 흘러간다. 그것 때문에 우리는 영화 감상 내내 펀의 여러 궁색하면서도 핍진한 에피소드들에 마음 한편이 불편함으로 남아 있는 무엇을 느끼게 된다. 아마도 그것을 상쇄하는 것은 아류 할리우드 필름들이 그래 왔듯이, 거친 자연을 향한 덧없는 이동의 풍광과 한 편의 아름다운 소네트(셰익스피어 소네트 154편 중 가장 아름다운 것으로 평가되는 18번)와 음악이 주는 소박한 아름다움의 이미지들일 것이다. 미 국토 약 4,800km를 동서로 횡단하고 있는 50번 국도는 그 자체로 자연과 호흡할 수 있는 장관을 연출한다. 이 중 영화는 네바다 구간 658km를, '가장 외로운 도로'란 별칭에 걸맞게 황량하고 거친 자연의 풍광을 부르주아적 취향에 알맞도록 카메라에 세련되게 포착한다. 앤더슨밸리의 헨디우즈(HendyWoods) 주립공원 원시림이나, 태평양 연안 포인트아레나(Point Arena) 해변을 어슬렁거릴 때 펀은 "그래 이런 게 나의 삶이야"라고 외치는데, 이 순간 우리는 그녀가 마침내 그토록 낯설고 거친 자연에 적응한 듯한, 그래서 무념무상의 주이쌍스를 체험하고 있을지 모른다는 착각에 빠지게 된다. 클레이 자오는 이 길과 해변을 특별히 펀에게 할애해 눈 덮인 산과 안개 자욱한 황야, 파도치는 태평양 연안의 자연을 통과하는 펀의 뱅가드를 풀숏으로 전경화하거나, 자연 속에 스며든 듯한 펀의 신체를 은밀하게 클로즈업한다. 영화 전체의 흐름에서 특히 50번 국도는 감독 특유의 몽타주 방식으로 불연속적인 반복 패턴을 취하고 있는데, 그 시각적 효과를 극대화하고 있는 것은 루드비코 에우나우디의 피아노다. 음악이 '펀'의 자연과의 궁색한 호흡(리듬)의 한계를 약간 감쇄시키며 멜랑콜리의 여운을 극대화하는 효과를 준다. 그녀는 길 위로 자신의 몸을 맡긴 채 시시각각 다가올 운명의(무위의) 시간을 향해 나아간다. 시작도 끝도 없는 허망한 시간과 거친 자연이 그녀 앞에 기다리고 있을 것이다.

스피노자

 가장 높은 단계의 '신에 취한 인간'이었던 스피노자는 오히려 암스테르담의 편협한 유대 공동체에 의해 무신론자로 저주(파문)를 당한 후, 그의 일상 속에 항용 잠재하고 있던 암살의 공포와 싸우면서 생물학적 말년에 이르러서야 완성한, 그러나 끝내 생전에는 빛을 보지 못한 『에티카』(1675)를 통해 당시를 풍미하던 데카르트의 신관을 전복시키고, '신의 섭리는 자연의 질서 외에 아무것도 아니다'라는 유명한 명제를 제출하기에 이른다. 스피노자의 자연주의는 이때 노자의 그것과 겹치면서 더 나아간 곳에 위치한다. 자연주의에 내재한 리비도로서의 근원적 폭력성, 충동은 스피노자의 '신즉자연(Deus sive Natura)'을 말하는 주요한 기율을 이룬다.

 노자 정독(close reading)으로부터 스피노자의 자연과 '충동'에 관한 화두를 유추할 수 있다. 이러저러한 교차 읽기 실험을 통해 나는 지금까지 진행되어 온 노자 주석의 대부분을 소각하거나 폐기한 바 있다. 그 결과 미시 정치, 즉 '에로스'의 화두를 새롭게 재개념화하는 과정에서 노자 81개의 텍스트를 해체-재구성하는 작업, 시적 언어로 메타텍스트화 하는 작업, '에로스와 정치'의 과제를 최종 심급으로 하는 노자 해석의 전혀 새로운 진전은 결국 무위(자연)에 대한 응시로 수렴 가능함을 궁리해 냈다.

우리가 노자와 조금 더 역동적으로 맞닥뜨리고자 할 때 발생하는 일차적 과제는 언어의 메타포 이상으로 압도하는 상황의 패러독스라고 할 수 있다. 가령 4장 '도는 텅 비어 있되 아무리 써도 궁함이 없다(道沖而用之或不盈)'의 아이러니, 특별히 생명현상의 신비를 말할 때 가장 중요한 매개어로 등장하는 '현(玄)'의 핵심 자질을 피력하기 위해 소환되고 있는 6장에서의 무궁무진 에너지(에로스)에 관한 묘사는('曲神不死, 是爲玄牝. 玄牝之門, 是謂天地根. 綿綿若存, 用之不勤'[3]) 유사한 패러독스를 넘어서는 것이다. 정념(/정동)의 세부에 대한 현묘한 이해가 관건인 이유로 등장한다. 이 문제에 대한 응시를 위해 노자 14장을 소환할 수 있다.

> 視之不見, 名曰夷, 聽之不聞, 名曰希, 搏之不得, 名曰微. 此三者不可致詰, 故混而爲一. 其上不皦, 其下不昧, 繩繩兮不可名. 復歸於無物, 是爲無狀之狀, 無物之象, 是爲惚恍. 迎之不見其首, 隨之不見其後. 執古之道, 以御今之有, 能知古始, 是謂道紀.

이미 1장에서 선언하고 있듯이, 여기서 '도(道)'는 어떤 명시적 의미를 지닌 개념어가 아니다. 다시 말해 노자에서 도는 다른 개념어를 위한 숙주로 기능하는 매개어에 더 가깝다. 그러니까 도는 규정되고 의미화되어 무엇을 지시하는 사전의 기능을 수행하지 않는다. '도를 개념화하게 되면 그 순간 도는 본래 의미를 상실한다'라고 선언한 노자 발언을 그래서 우리는 정독하는 수고를 경주해야 한다. 흔히 우리의 내면 깊은 곳에 혼재돼 있는 상태로서의 '원초적 본성(primordial nature)'과 관계된, 분별하기 모호한 상황(vague)과, 명확하게 드러나지 않는 희미한 빛의 상태(dim)와, 미세하게 요동하는 감정의(vacillating) 사변적 정념(동)으로서의 심미적 충동을 화이트헤드는 더 좋은 삶을 위한 방략으로 기입하고 있는데,[4] 노자 14장에서 '이(夷),' '희(希),' '미(微)'와의 유추를 통해 이 과정을 추론해 볼 수 있다. 노자 전체의 맥락에서 이, 희, 미를 하나로 통합하는 지시어는 '유물혼성(有物混成)'이다. 노자 25장은 이 개념을 구체적으로 전개하면서 그것이 '도법자연(道法自然)'으로 수렴되고 있음을 적시한다. 그러나 이 개념의 더 핵심적 전략은 노자 21장을 통해 구체화된다. 노자 생명관을 응축하고 있는 이 토픽은 "텅 비어 있는 모습으로서의 덕은 도의 원리에 기초한다. 만물을 돕는 도는 황홀 그 자체이지만, 어떤 형상을 하고 있는데, 그 형상은 부화하기 전 알의 상태처럼 충만한 에너지 덩어리이다. 그 에너지 그러니까 어떤 잠재성('기관 없는 신체')이 무한한 생명력의 원천이다"로[5] 해석 가능하다. "없는 듯 있고, 있는 듯 없음, 없지 않으면서 없고 없으면서 없지 않으니, 있고 없음이 정해지지 않았으므로 황홀"하다고 탁월하게 언명한 바 있는 성현영의 주석을 유연하게 차용하여 우리는 이 상황을 마침내 이, 희, 미로 대변할 수 있다. 그럴 때 이미 언술한 바 있듯 그것은 고요하고 텅 빈 어떤 것이 혼돈 속에 생성된 생명체의 상태를 말하는 유물혼성으로 귀결된다. 유물혼성이 도법자연으로 수렴, 전개되는 과정을 묘사하고 있는 25장의 궁극적 진리는 무위자연이다. 우리는 도법자연이 무위자연의 다른 이름이기도 하다는 것을 노자의 정독 과정에서 통찰할 수 있게 된다. 그러니까 노자의 자연관은 더 면밀하게 말해 무위자연이다. 어려운 과제에 직면한다. 무위에 대해 정의할 요청에 맞닥뜨리는 것이다. 이를 위해 노자의 '현(玄)' 개념에 대한 응시를 강제하게 되는데, 우리는 56장을 통해 무위의 정체에 한 발짝 다가설 수 있다. 장의 핵심어 '현동'은 기원으로서의 '현묘'와 생명현상으로서의 '현빈'을 매개하는 실천 방략을 아우르고 있다. 노자 1장은 도의 정의에 대해 말하고 있는 듯 보이지만, 정확하게 생명의 신비, 나아가 그것이 시간을 포획함으로써 가능하게 될 수 있는 아포리아적 특징을 기술하고 있다. 이 장의 주제어는 그러므로 도가 아니라 '현(玄)'이다. 단순히 신비함을 넘어 생명의 본질을 세계 변화의 흐름 속에 개방함으로써, 상극적인 개념의 대립쌍이 상황에 절묘하게 조화하는 이치를 포획하고 있는 것은 '현'이다. 그 '현'의 중심에 있는 '현빈(玄牝)'은 에로스를 상징하는 '곡신(谷神)'의 현실태로, 모든 여성성의 알레고리이며 생명의 신비를 일상에서 지속적으로 구현하는('綿綿若存, 用之不勤') 하나의 능동적 기표다. 그 현상을 실천 방법으로 현실에 기입하는 것을 노자는 '현동(玄同)'이라고 호명한다. 날카롭고 강한 빛을 순화시키고, 어지럽고 막힌 매듭을 풀어 주며, 말과 지식의 가벼움을 직시하여 눈앞의 이로움과 그렇지 못함, 귀함과 천함, 이해관계의 호불호를 넘어서 은밀하게 조화하는 바로 그 현동의 방략이 구체적으로 무위이다('造化 玄妙無爲'). 그리고 그것은 마침내 일상의 정치(혹은 생활 정치, 정치의 생활화), 랑시에르가 '정치의 본질은 불일치'라고 언명한, 궁극적으로 노자의 미시 정치와 만나게 된다. 미시 정치는 정치의 일상화로 표현된다. 그리고 그것은 노자가 '현덕(玄德)'이라고 말한 '감각적인 것과 그 사이의 틈을 현시하는 것'으로 요약된다.

> 載營魄抱一, 能無難乎. 專氣致柔, 能嬰兒乎. 滌除玄覽, 能無疵乎. 愛民治國, 能無知乎. 天門開闔, 能爲雌乎. 明白四達, 能無爲乎. 生之畜之, 生而不有, 爲而不恃, 長而不宰, 是謂玄德.[6]

이 장을 지배하는 주제어는 단연코 '무위'이다. 우리의 일상에서 일어나고 행해지는 여러 주요한 일들, "마음을 수양하여 투명한 깨달음의 상태에 도달하려는 노력, 낳고 기르되 간섭하지 않는 그것, 정치에 나아가되 자신의 무지를 감당하고자 하는 윤리, 삶과 죽음을 하나로 이해하며, 사랑하는 여인의 마음을 헤아리는 감각적 깊이와 좋은 정치를 위한 무위의 열망을 고취하려는 노력"은 더 나은 삶을 향한 인간의 열망이기도 하다. 노자는 그것을 '현덕'이라고 명명한다. 10장 전체에서 실천 방략으로서의 현덕은 '현람(玄覽)'과의 조우를 통해 궁극의 목적에 도달하는 것처럼 보인다. 노자를 정독하기 위한 가장 충실한 방법은 81개의 텍스트를 각각 독립된 세계로 인정한 후 이를 하나의 서사로 완성하기 위해 해체-재구성하려는 지혜이다. 나는 그 에피스테메를 '에로스와 정치'로 초점화한 후 우리 시대의 노자로 소환한 바 있다. 그 과정에서 노자의 '현' 개념과 '무위'가 동전의 양면처럼 한 몸으로 활동한다는 메타포에 주목했다. 노자가 도법자연을 무위자연과 등치시킬 때, 주요한 매개 기능을 하고 있는 것이 바로 '현'이다. 그런 점에서 노자의 자연은 단순히 물의 자연이 아니라, 정념의 미묘한 온도 차를 포괄하는 태도의 그것이다. 우리는 여기서 무위의 에너지를 읽게 된다. 그러니까 미명이나 박명의 사이에 운동하고 있는 '현'의 에너지를 응시하는 것은 노자의 핵심 전략이다. 양극의 모순과 긴장을 하나로 감싸고자 하는 태도는 노자 텍스트를 통괄하는 아이러니인 것이다. 그런 연유로 강함과 유연함, 오므림과 폄, 흥함과 쇠함의 대립적 긴장을 정확하게 직시하는 태도로부터(노자 36장) 미명의 운동성을 읽을 수 있다. 어둠과 빛 사이의 시간을 노자는 운동에너지로 환원함으로써 개념화된 현실의 의미들을 해체할 수 있는 모티브를 제공한다. 그러니까 노자의 무위는 '도'와 '현'을 매개로 할 때 그 깊이를 담보하게 된다.

우리는 스피노자의 자연(주의)을 이해하는 주요한 방법이 정념(정동)의 문제와 관계한다는 것을 간파하게 된다. 그에게 신은 자연으로 등가화 된다. 그리고 그것의 세부를 스펙트럼화하는 것이 가능함을 들뢰즈는 예시해 준다.

하나의 집, 고장, 지방 등이 있다고 하자. 그것들은 현실화가 이루어지는 실제적 지리적 사회적 환경들이다. 그것들은 전체건 부분이건 내부로부터 근원적 세계들과 연결되어 있다. 우리는 그것을 그것들의 비정형적 특성 때문에 알아볼 수 있다. 그것은 순수한 바탕, 혹은 밑그림이나 낱개의 조각 같은 형태화되어 있지 않은 재료로 이루어진 바탕의 부재이며, 그 위로 구성된 주체와는 아무런 관계가 없는 비형식적 기능들, 역동적 행위나 운동이 오가게 된다. 그것의 인물들은 짐승들과 같다. 사교계의 인물은 맹금이고 연인은 양이며 빈민들은 하이에나와 같다. 그 이유는 그들이 어떤 모습이나 행동을 보여서가 아니라, 그들의 행동이 인간과 짐승의 구분에 앞서기 때문이다. 그들은 인간-짐승이다. 거기서 충동은 바로 근원적 세계의 조각들을 지배하는 에너지이다. 충동과 조각들은 엄격하게 상관적이다. 물론 충동에도 지성은 담겨있다. 충동은 심지어 각자로 하여금 자신의 몫을 선택하고 자신의 순간을 기다리며 자신의 동작을 지연시키게 하는, 그리고 각자가 자신의 행동을 가장 잘 실현할 수 있도록 계획을 세우게 하는 악마적 지성마저 가지고 있다. 그것은 또한 전체를 그러모으는 집합이다. 어떤 조직 속에 모으는 것이 아니라, 모든 부분들을 하나의 거대한 쓰레기장 또는 개펄로 집중되도록 하고, 모든 충동을 어떤 거대한 죽음에의 충동으로 수렴되도록 하는 것이다. 그러므로 근원적 세계는 급진적 시작인 동시에 절대적 종결이다. 그것은 매우 특수한 폭력의 세계이다.[7]

라고 들뢰즈가 그의 『시네마』에서 언술할 때, 그 근원적 바탕을 포획하고 있는 것은 베르그송의 생명철학도, 아이젠슈타인의 몽타주도, 퍼스의 기호학적 분류론도 아닌 바로 스피노자의 '충동 모티브'다. 그것은 스피노자의 자연주의에서 온 것이다. 그런 면에서 그의 『시네마』를 관류하는 지배소는 퍼스의 기호 분류학이 아니라, 스피노자의 감정(혹은 정동)에 대한 이미지(영화적) 변환 작업이며, 그 작업의 중심에 '쁠랑(plan)'이 있다. 최초에 단순하게 공간적 거리 개념에 국한됐던 쁠랑은 분할할 수 없는 질적인 다양체로서의 운동의 성격을 특징짓는 공간적 거리와 시간적 연속성으로서의 복합개념으로 재구조화되면서, 이미지-운동의 지속에서 운동 자체를 변형시키는 프레임 전체의 변화이자, 집합의 프레임화와 전체 몽타주 사이의 매개체 기능을 하게 되는, 다시 말해 이미지 안에서 집합을 구성하는 물체, 부분, 양상, 차원, 거리 각각의 물체들의 위치를 끊임없이 변주시키는, 노자의 '현'과 유사한 기능을 담보하게 된다. 문제의 이미지 분류 과정에서 들뢰즈는 자신의 영화학을 위해 4가지 흥미로운 개념들을 제시하고 있는데, 그것은 양식적으로 퍼스의 기호 분류를 기본 모델로 차용한 후, 스피노자의 정동 개념을 영화 이미지에 기입하기 위해 해체-재구조화 하는 방식으로 독창적 해석을 시도한, 지각-이미지(image-perception), 정동-이미지(image-affection), 행동-이미지(image-action), 충동-이미지(image-symptom)로 호명되는 전혀 새로운 영화 해석 개념이다. 분류는 해석학적으로 시도된 퍼스의 기호학을 재해석하는 과정에서 파생된 것이다. 그래서 우리는 들뢰즈의 이미지 분류의 근간에 정념이 기초하고 있음을 주목할 필요가 있는데, 그것은 그가 그의 철학의 초기부터 고민하던 문제 중 하나인 '내재성'과 관련된 것처럼 보인다. '욕망'과 '무의식'을 어떻게 이해할 것인가, 그리고 그것을 당대의 현실에 어떻게 위치시킬 것인가의 문제가 그 중심에 있다. 그것은 특히 프로이트를 혁명적으로 전복시킨 라캉의 욕망과 긴장 관계를 형성하면서 충돌하는 지점에 그의 그것이 배치되어 있음을 또한 의미한다. 스피노자가 '자기 보존 능력,' 혹은 어떤 잠재성으로 함의되는 '코나투스(conatus)'를 정의하는 변곡점에서[8] '충동'과 '욕망'이 호출된다. 『스피노자와 표현 문제』(1965)를 거쳐 『앙띠 오이디푸스』(1980)가 이 개념을 코페르니쿠스적으로 전환하는 정점에 있다. 그리고 그 총합으로서의 함의가 '시네마론'에 기입된다. 말하자면 정념(혹은 욕망)의 문제는 스피노자에게서처럼 들뢰즈의 경우에도 문제의 중심에 있는 어떤 것이다. 『시네마 1』에서 들뢰즈는 정동-이미지가 지각-이미지와 행동-이미지의 사이에 있는 것처럼, 충동-이미지 또한 정동-이미지와 행동-이미지의 사이, 그러니까 정동에서 행동으로 넘어가는 사이에 존재하고 있음을 강조한다. "충동-이미지를 그토록 도달하기 어렵고, 나아가 정의 내리거나 확인하기 어려운 것으로 만드는 것은 그것이 일종의 정동-이미지와 행동-이미지의 사이에 끼어 있기 때문이다."[9] "지각이 신체 외부의 포착이라면 감각은 신체 내부에서 느끼는 자극이다. 더 정확하게 말해 외부의 자극이나 대상을 느끼는 것이 외적 감각이라면, 신체에 머문 운동을 느끼는 것은 정동적 감각(affective sensation), 즉 정감이다." 신체 내부에서 일어나는 동요와 혼란을 처리하여 육체를 온전하게 보존하기 위한 감정의 노력이 정동이다. 조금 더 부연하면 외부의 타격으로 아픔을 감지할 때 생물체는 반사적으로 몸을 움츠리거나 흔들어 통각을 피하려 한다. 수용 운동이 실행 운동으로 기계적으로 전환되는 것이다. 그러나 움직일 수가 없어 통각을 피하지 못할 때, 고통을 삭이는 동안 얼굴은 붉어지고 표정은 일그러진다. 신체의 운동은 국지적으로 잠재화되어 공간성을 잃고 질적 경향으로 대체된다. 이것이 정동화 과정이다. 영화의 흐름에서 이를 정확하게 이미지로 포착하여 기계적으로 재현해 내는 작업이 '클로즈업'이다. 아이젠슈타인은 이미 클로즈업을 사고의 깊이를 얻기 위해 "영화 전체에 감동적인 독해를 가능하게 하는"[10] 주요한 미학으로 그의 영화론('충돌 몽타주')에서 언명한 바 있다. 그러나 들뢰즈가 아이젠슈타인에 주목한 것은 그의 몽타주가 아니라 사실 이미지의 내면과 관계한 사고의 깊이에 대한 질문이라고 할 수 있다. 반면 행동-이미지를 구성하는 초기 '미국식 리얼리즘 영화'의 특징을 이루고 있는 것은 그리피스의 유기적 몽타주로 대변되는, 흔히 '평행 교차편집'에서 지배적 정서로 작용하는, 주어진 상황과 환경을 지각하고 그것에 대응하는 과정에서 나타난 신체적 반응으로 요약할 수 있다. 베르그송은 지각이 잠재적 행위의 단위라고 말했는데, 이는 지각 자체가 이미 행동을 위한 예비 과정이라는 뜻을 함의한다. 그런 점에서 "지각과 행동은 육체 내에 수용된 자극과 이에 대한 육체의 반응 사이에 놓여있는 간극이나 망설임의 두 측면이다. 작용과 반응 사이의 간극 한쪽에는 지각이, 다른 한쪽에는 행동이 자리하고 있다. 다시 말해 지각이 미결정된 중심(육체)에서 일어나는 대상의 포착이라면 행동은 지연된 반응이다. 즉 지각-이미지와 마찬가지로 행동-이미지는 육체로 수용된 운동-이미지의 또 다른 변체"인 것이다. 이와 달리 충동-이미지는 정동과 행동의 사이를 왕래하는 감정의 진폭을 특징으로 한다. 그리하여 마침내 들뢰즈가 "충동-이미지는 자연주의의 본질 속에 녹아있다"라고 주장할 때, 그 기원은 스피노자로 향한다. '신은 곧 자연이고, 그 섭리도 자연법칙에 불과하다'고 주장한 스피노자의 '신즉자연(神卽自然, Deus sive Natura)'이 기초하고 있는 것은 『신학 정치론』으로, 그 핵심은 "이 세계엔 물리법칙 외에 다른 아무것도 없다"라는 극단적 유물론 혹은 과학주의의 개입으로 초점화 할 수 있다. 그러나 더 면밀하게 말해 그의 자연주의는 윤리적 지성주의의 다른 이름이자, 인간의 근원적 욕망에 관한 미시적 탐구로 요약된다. 인간을 억압하는 당대의 신을 부정하고 절대 자유를 향한 꿈을 인간과 자연의 생명 흐름 속에 호흡하고 있는 '충동의 실체'로부터 이끌어내고자 한 그의 '욕망'은 다시 한 번 오늘-여기 우리 삶의 기율로 강력하게 소환되고 있는 것이다. 그가 '감정을 제어하고 억제함에 있어서의 인간의 무능력을 예속'이라고 했을 때, 그것의 궁극은 자유로운 한 영혼의 순수 욕망이 한 실존에게 왜 중요한 것인지를 증명하기 위한 결연한 선언으로 읽힌다. 따라서 그는 "욕망이란, 인간의 본질이 주어진 각각의 변용에 의해 어떤 것을 행하도록 결정되어 있다고 파악되는 한에 있어서, 인간의 본질 자체이다"라고[11] 주장함으로써, 자연의 거대한 흐름 속에 던져진 한 실존이 어떻게 그 자연에 순응하고 동화되어 가는지를 관찰할 수 있게 한다. 그렇기 때문에 정동과 행동 사이에서 운동하는 한 인간의 특별한 감정, 즉 충동 에너지는 자연을 둘러싼 근원적 세계의 다양체들을 조합하고 각각의 방식으로 실현하는 모멘텀이 되는 것이다. 한마디로 "충동(이미지)의 궁극은 우리의 환경을 바꾸려는 은밀한 욕망의" 다른 이름이다. 우리는 그 개념적 아우라의 역학을 노자의 무위와 대등한 정서로 판단하고 있다.

무위

 노자의 '무위'는 동학을 통해 19세기 조선에 역동적으로 기입된다. 일차적으로 그것은 한계에 도달한 양반계급과 왕조의 몰락을 직시한 인민의 생존 위기에 대한 각성한 한 지식인의 현실 인식으로부터 촉발한다. 최제우의 '무위(無爲)'는 동학의 핵심 실천 원리인 '유무상자(有無相資)'와 '군민공치(君民共治)'를 통해 부패하고 무능한 중세적 질서가 지배하던 조선의 실제 정치에 혁명적 타격을 가한다. 생활 민주주의의 토대가 되는 君民共治는 전봉준의 '기포'(인민 봉기)를 위한 핵심 행동 강령으로 나타나며, '상호부조론(mutual aid)'으로 요약되는 有無相資는 '포접제(包接制)'를 바탕으로 동학의 강력한 인민 공동체를 구성하는 기율이 된다. 포접의 근간이 되는 것은 유구한 인민 전통으로 이어져 온 '계(契)'와 '미륵하생(彌勒下生)'이라고 할 수 있다. 그것들은 부패한 관료의 가혹한 착취와 계급에 기초한 유교 이데올로기를 생활 차원에서 넘어서고자 한 인민의 지혜와 자산으로 평가된다. 그 연대와 믿음이 19세기에 발화한 농민 주체 인민 봉기의 모멘텀이 되었다. 인민 봉기는 조선 말기 고종을 비롯한 민씨 일가와 대원군, 지식인까지 가세한 외세 의존으로 인해(지식인, 정치 주도 세력의 외세 의존은 신라의 외교[생존] 수단으로 위력을 발휘한 바, 임진왜란에서 정점을 찍은 후 식민지 '토착 왜구'의 번성을 거쳐 현재도 계속되는 최고 분열증으로, 그 피해는 고스란히 인민의 몫으로 대물림되고 있다) 국제전으로 확대되었으며, 청일전쟁(1895)과 러일전쟁(1904)의 깊은 상처를 남긴 후, 무능하고 부패한 조선의 완전한 몰락을 재촉했다. 일제의 조선 강점 후 정확하게 10년 뒤 다시 새로운 형태의 인민 봉기가 일어났는데, 그것을 주도한 세력은 이미 자생력을 상실한 유교도, 기독교(천주교)와 불교도 아닌 인민 주체의 동학이었다. 우리는 여기서 하나의 결정적 질문을 던져 보게 된다. 동학의 무엇이 이미 파국에 이른 인민들에게 자신을 희생할 용기와 척박한 삶의 희망을 놓지 않도록 한 것일까. 19세기 중엽 조선의 운명이 이미 돌이킬 수 없는 파국을 향하고 있다는 것을 가장 정직하게 직시한 인물 중 하나로 최제우를 들 수 있다. 계급 구조의 모순으로 인해 출생의 한계를 안고 있긴 했지만, 그가 체제 밖의 지식인이 될 가능성은 그리 크지 않았다. 그를 동학으로 이끈 것은 당시 조선을 둘러싼 상황이었다고 하는 것이 더 정확할 것이다. 뿐만 아니라 그는 최옥을 통해 지식을 전수받고 세계에 눈을 뜬 것으로 보이는데, 최옥은 퇴계로 대표되는 '관변 조선 유학'의 아류 이상도 이하도 아닌 것으로 보인다. 이러지도 저러지도 못하는 삶의 질곡이 그를 궁지로 몰아넣었고, 그것은 그를 여러 잡다한 것에 골몰하게 만든 계기로 작용했다. 그가 유, 불, 선을 포함하여 서양 기독교, 나아가 주역이나 미륵, 민간신앙의 여러 잡학에 몰입하는 과정에서 유학적 소양을 통해 집약한 동학 경전은 일차적으로 그 자신의 위기의 소산이지만, 그 결과는 아이러니하게도 조선의 파국에 가장 정확하게 반응한 시대의 아포리아적 의미를 띠고 있다. 거칠게 말해 그의 발언은 19세기 조선 현실에 가장 정직하게 반응한 '조선의 에티카'라고 불러도 무방할 만한 것이다.

동학 경전의 근간을 집약하고 있는 본주문은 "侍天主 造化定 永世不忘 万事知" 13자(혹은 21자: 至氣今至 遠爲大降 侍天主 造化定 永世不忘 万事知)로 구성되어 있는데, 특히 최제우는 종교적 엄밀성과 인민을 향한 경애의 마음을 담아 '侍(시)'에 "侍者 內有神靈 外有氣化 一世之人 各知不移者也"[12]의 주석을 제시하고 있다. 그것은 인민을 향한 새로운 종교적 포즈를 취함과 동시에, 스피노자가 17세기 당시 팽만해 있던 데카르트의 신을 전복하여 새로운 가치를 제시한 것과 비근하게, 조선의 유교적 질서를 혁명적으로 전복시킨 사건의 철학으로 평가된다. 정확하게 말해 '시'는 '포태한 여성'에 대한 사랑의 은유로 해석 가능하다. 그것은 최시형의 언술을 통해 확인 가능한데, 한편 이에 더하여 '母(모)'의 노자적 명명을 면밀하게 이해해야 궁극적 진리에 도달할 수 있다. 통념적인 이해와 달리 최제우가 주석한 '시'는 우선 지구 안과 밖의 현상을 동시적인 것으로 해석하는 것이 요구되는데, 즉 태초의 생명현상을 의식의 상승과 함께 물적 변화가 동시에 진화의 과정에 발생하는 것으로 직시해야 할 필요가 있을 때가 그것이다. 그럴 때 '내유신령 외유기화'는 "물질의 종합상태가 증가하면서 그와 함께 의식이 팽창한다(밖으로 드러난다)"라는 테야르 드 샤르댕의 통찰에 근접할 수 있다. 그러니까 지구 전체의 진화 과정에 인간의 생명 탄생과 생명 활동의 진화가 함께하고 있으며, 그렇기 때문에 '일세지인 각지불이자야'를, "최초의 세포집합(생명현상)은 처음부터 서로 의존하는 형태로 연결되어 있"음을(97면) 깨닫고, 세상 사람들은 공경(/모심)의 마음으로 서로 도와야 한다는 해석이 가능하다. 요약하면, 생명 활동의 본질에는 사랑으로 특징지어지는 '모심'이 있는데, 이는 의식의 팽창 과정과 동시적으로 출현한 것이다. 샤르댕은 이를 "만일 아주 미약하나마 분자에게도 서로 하나가 되려는 욕구가 없었다면 높은 단계인 인간에게서 사랑이 나타나는 것은 물리적으로 불가능하다. 우리에게 사랑이 있다고 하려면 존재하는 모든 것에는 모두 사랑이 있다고 해야 한다. 우리 둘레에서 수렴하며 올라가는 의식들 어디에도 사랑은 빠지지 않는다 … 사랑의 힘으로 세상의 조각들이 모여 생명을 이룬다"(一世之人 各知不移者也)라고[13] 언술한다. 우리는 이쯤에서 최제우의 '시' 개념이 플라톤과 쿠자누스의 우주론에 대한 통찰과 근접한 범주 속에 있다는 단서를 발견한다. 그러므로 다시 문제의 핵심은 19세기 조선 상황에 대한 주석이다. 최시형이 그것을 뒷받침했다. 그는 최제우의 '시' 개념을 "人이 胞胎의 時에 此時를 卽 侍字의 義로 解함이 可하랴. 落之以後에 처음으로 侍字의 義가 生할까, 又 大神師 布德降靈의 日에 侍字의 義가 生할까"[14]라고 주석하고 있는데, 하나의 작은 우주에 비견되는 '포태한 여성에 대한 지극한 공경(모심)'이 생활의 실제에서 모심의 실천적 진리에 값한다. 그러니까 에로스의 모성적 차원이 인간 생명 활동의 본질적 문제와 맞닿아 있는 것이다. 『향연』에서 소크라테스는 연인 디오티마와의 대화 과정에서 에로스가 지혜와 무지 사이에 있으며 늘 지혜를 사랑하기 때문에 아름다운 것 안에서 낳기를 욕망하는 자로 규정한다.[15] 불멸의 사랑을 추구하는 플라톤의 에로스는 생식을 매개로 마침내 욕망의 환유로 치환된다. 소크라테스가 그 화두를 매개한다. 사랑은 (자신이) '가지고 있지 않은 것을 (사랑하는 대상에게) 주는 것'이라는 라캉의 명제는 그러므로 에로스는 아름다움에 대한 사랑이기 때문에 근원적으로 자신이 결여하고 있는 것을 욕망할 수밖에 없다는 플라톤의 실재 목소리와 대면하게 한다. 에로스의 욕망이 현실에 개입할 때 인간은 '자기 것이 되기를 사랑하게' 된다. 그것은 '몸에 있어서 그리고 영혼에 있어서 아름다운 것 안에서 생식'하고자 하는 욕망과 같은 것이다. 플라톤에게 미(to kalon)란 그런 면에서 생식의 아름다움이다. 최시형의 '포태한 여성에 대한 지극한 모심'은 최제우의 원론적 차원의 '시'를 생활의 실제로 구성함으로써, 극적으로 삶의 도약을 촉발한다. 그것의 정치적 실천이 '후천개벽'이며, 동학 인민 혁명은 조선 역사 전체를 통틀어 가장 역동적인 사건으로 기록된다. 우리는 이런 연유로 노자의 '모' 개념에 대해 궁리하지 않을 수 없게 된다. 에로스의 기원은 근본적으로 결여와 그것에 대한 욕망이라는 점에서 노자의 언어에 크게 의지하고 있다. '텅 빈 충만'으로 요약되는 노자의 에로스론은 비움으로써 오히려 충만해지는 모순의 아포리아로 정의할 수 있다. '도는 텅 비어 있되 아무리 써도 궁함이 없다'와 '현빈은 아무리 써도 궁함이 없다'는 그러므로 대리 보충의 관계로 호응한다.[16] 여기서 주목해야 할 것은 '현빈'이 '도'와 같은 위계에서 활동하고 있다는 것이며, '쓰다(用)'의 기능을 공약수로 거느린다는 점이다. 그러니까 도를 정의할 수 있다면 그것은 생명의 근원으로서의 여성성으로 대체할 수 있는데, 그 여성성은 에로스의 기능을 통해 자신의 고유한 특성을 부여받는다. 주지하듯이 에로스는 생명의 태어남과 진화의 모태다. 노자는 그것의 비움 상태가 욕망을 더 크게 한다는 것을 미시적으로 포착하고 다음과 같이 적시한다.

> 天下有始, 以爲天下母. 旣得其母, 復知其子, 旣知其子, 復守其母, 沒身不殆. 塞其兌, 閉其門, 終身不勤. 開其兌, 濟其事, 終身不救. 見小曰明, 守柔曰强, 用其光, 復歸其明, 無遺身殃, 是爲襲常.

> 생명의 근원으로서의 母 역시 도의 개념에 가깝다. 여성성으로서의 그것의 미덕은 열고 있을 때가 아니라 닫음을 수행할 때 배가된다(더 정확하게 말해 열림과 닫힘의 사이, 혹은 운동성으로서의 벡터적 에너지를 머금고 있을 때 도에 가깝다고 할 수 있다). 닫힘과 열림의 사이(見小) 혹은 그 틈, 곧 미명(微明)을 달리 습상(진리, 도, 생명)이라 한다.[17]

개벽으로 지칭되는 세계의 시작으로서의 열림을 '포태의 원리'에 비유하고 있는 노자의 세계관은 그 실천의 운동성을 최종 심급에서 '습상(襲常),' 즉 도(道)로 정의한다.[18] 생명 활동의 실제적 양태로서의 에로스는 여성성의 극대화를 통해 현실과 만나게 된다. 우리는 플라톤의 생식을 여기서 다시 환기할 수 있다. 생식은 일차적으로 자기애로부터 출발해 대상을 욕망하는 단계로 확대되는 과정에서 필연적으로 기능한다. 포태한 여성의 아름다움은 그러므로 생명 활동 최고의 덕성으로 평가할 수 있다. 최시형은 이 지점에서 노자와 정면으로 대면하게 되는 것이다. 세계를 설명하고 정의하기 위한 단 하나의 개념을 '도'라 할 수 있다면, 그것을 같은 위계에서 매개하는 것은 '모'다. 포태한 여성을 특별히 강조한 바 있지만, 포괄적으로 그것은 여성성으로 함의되는 특징을 갖는다. 그 여성성은 세계의 온갖 아포리아를 모두 껴안고 수렴하는 미학적 원리, 가장 낮은 곳과 배후에서 생활의 질서를 획득해 가는 정치적 원리(下流), 에너지의 원천으로서의 에로스를 생산하는 생활 경제의 원리(玄牝), '텅 빈 충만'으로 대변되는 코라적 원리(沖盈)로 집약된다. 그리고 마침내 모심(侍)을 생활의 구체로 옮기는 작업이 바로 조화를 정하는 일과 관계한다. 노자를 깊이 응시했던 최제우는 그것을 무위로 행한다고 적시하고 있다. 그러니까 그가 "曰吾道 無爲而化矣," "造化者 無爲而化也"라고[19] 강조할 때 우리는 스피노자를 호출할 수 있다. '동학의 진리는 무위의 진리다'로 요약되는 최제우의 무위 개념에 대한 비약적 해석은 지금까지 동학을 퇴행적이며 퇴폐적으로 주석거나 이해해 왔던 아류의 문건들을 전면적으로 분쇄하고, 모든 아류적 해석-이해를 해체-전복시키는 발상이다. '조화를 정하는 것'이

'무위로 이루는 것'이라는 진리는 동학의 해석에서 가장 어려운 과제에 해당한다. 우리는 이미 모심을 둘러싼 에로스의 과제를 경험했다. 그러니까 '조화정(造化定)'은 이 모심을 둘러싼 세계 인식의 내면화 이후 실천 강령으로 이행해야 하는 강력한 현실 대응 형태로서의 수행을 위한 것이다. 그 수행의 구체적 강령이자 행동이 '무위이화(無爲而化)'인 것이다. 최제우의 오더를 정확하게 인지했던 최시형은 그 진리를 가장 높은 단계에서 응시한 후 "造化, 玄妙無爲"라고[20] 마침내 기입한다. 우리는 '玄(현)' 개념을 둘러싼 미적 아포리아에 대한 노자의 메시지를 경험한 바 있다. 노자의 언어에서 현묘는 도와 같은 위계의 의미를 지닌다. 무엇보다 그것을 지배하는 정조는 우리가 흔히 정념이라고 말하는 인간 내면의 어두운 부분에 대한 아포리아적 이해일 것이다. 감정(정동)에 관한 세밀한 문맥의 경험을 통해 우리는 스피노자를 지금-여기의 진리로 인유할 수 있는 것처럼, 노자를 그렇게 할 수 있다. 최시형의 '조화 현묘무위'는 '동학의 진리는 무위의 진리다'라는 명제를 증언하면서, 한 걸음 더 나아가 오늘의 현실과 맞닥뜨리게 한다. 그런 점에서 최시형의 동학은 노자의 진리를 가장 높은 단계에서 조선 현실에 전개한 시대의 아포리아라고 할 수 있다. 19세기 인민 봉기의 내면을 지배한 것은 무위이화다. 그것을 전면에서 실행한 주체는 전봉준 등 동학으로 조직된 인민들이었으며, 그를 포함하여 그와 함께 혁명을 이끈 인민 공동체의 이념인 무위는 오늘의 이 땅을 지배하는 내면의 기율로 지속적인 위력을 발휘하고 있다.

〈조커〉는 DC코믹스(워너브러더스) 영화로 2020 아카데미상 최다 부문 후보로 노미네이트 된 바 있다. 다양하게 변주된 얼굴 표정으로 신들린 신체 연기를 펼친 호아킨 피닉스는 남우주연상을 거머쥐었다. 주지하듯이 조커의 역사는 1940년 『배트맨』 1호 만화 캐릭터의 빌런으로 처음 등장한 이후, 팀 버튼의 잭 니컬슨과 크리스토퍼 놀란의 〈다크나이트〉에서 열연한 히스 레저를 거치면서 할리우드 시네마에 트렌디한 전형으로 정착하게 된다. 2019년에 전혀 새로운 버전으로 재탄생한 〈조커〉는 기존의 빌런들과 두드러진 차이를 엿보이는, 윤리 의식을 내재하고 있는데, 그런 면에서 '조커'는 이제 조연이 아닌 주연으로, 단순한 악이 아닌 정의의 알레고리를 내재한 텍스트로 소환되고 있다. 토드 필립스의 시네마 〈조커〉는 호아킨 피닉스의 이미지 클로즈업을 통해 감정이 미세하게 변용되어 나타나는 표정의 변화와, 일곱 번에 걸쳐 각기 다르게 표현되고 있는 댄스 연기가 내용을 실질적으로 압도한다. 표정 연기와 춤으로 표현된 이미지는 그러나 엄밀한 의미에서 하나의 이미지-운동 속에 있으며, 더 정확하게 그것은 정동-이미지와 행동-이미지 사이에 이중 구속 돼 있는 '충동-이미지'의 어떤 것이다.

영화는 '아서 플렉'의 분장한 표정을 클로즈업하는 카메라로부터 출발한다. 웃음을 참지 못하는 지병을 간직한 그는 길거리 광고로 겨우 연명하는 '알바 인생'이다. 그렇다는 점에서 이 영화도 〈노매드랜드〉의 '펀'과 유사한 정서의 카테고리에 속해 있으며, 만화라는 동화적 서사가 한몫하고 있기 때문이기도 하겠지만, 오히려 그녀보다 더 극단적으로 열악한 도시 빈민 계급에 속한 인물로 묘사된다. 한마디로 그는 미래의 희망이 차단된 인물이다. 거기에 더해 그는 구성되지 못한 미완의 가족 메커니즘과 함께, 신체적 장애와 정신장애를 동시에 안고 있는, 원칙적으로 실격 인간의 전형으로 묘사된다. 그런 한계에도 불구하고 그는 부패한 거대도시의 메커니즘에 자신을 의지하며 일상을 연명한다. 영화는 그런 그가 맞닥뜨려야 하는 감정의 진폭을 잔인하고 격정적으로 표현한다. 영화에서 그 표현의 주된 두 가지 속성은 '아서 플렉'의 표정이 현란하게 변용되고 있는 클로즈업과 그 감정의 변용이 외화되어 폭발하는 춤의 역동성이다. 영화는 전개 과정에서 망상 장애(조현병)에 시달리는 아서 플렉을 보여 주기 위해 한 병원의 상담사와 대면시킨다. 그는 정기적으로 약을 타기 위해 들르는 상담사 앞에서 늘 있는 다양한 표정의 웃음을 멈춘 뒤 손으로 목울대를 짚으며 이 영화 전체의 함의를 내포하고 있는 "갈수록 세상이 미쳐 가는 것 같아요"라는 말을 의미심장하게 던진다. 그때 그는 상담사를 정면으로 바라본다. 그녀가 "힘든 세상이죠. 다들 화가 나 있고, 돈도 일도 없어서 힘들게 사니까"라고 응대한다. 그리고 그녀가 아주 중요한 물음 하나를 더 던진다. "요즘 어때요? 일기 계속 쓰죠?"라고 묻고 그가 "네"라고 답한다. 그의 일기에는 그가 코미디언이 되기 위한 다양한 스크랩, 사진, 기록들이 산재하는 가운데, 상담사의 시선은 '내 죽음이 내 삶보다 가치있기를'에서 멈춘다. 그 에피소드가 여러 번 가필

한 흔적을 선명하게 보여 주는 시각적 효과 때문이다. 영화 전체의 흐름에서 그 숏의 악센트는 카메라의 시선이자 감독의 시선이고 조커의 시선까지를 포함한다. 상담사가 '내 죽음이 내 삶보다 가치있기를'이라고 교정한다. 그는 말하자면 현재 아서의 유일한 교사이자 보호자이다. 상담사가 아서의 현재 고통의 근원이 있게 한 정신병원에 왜 갇히게 되었는지를 묻자, 아서는 "누가 알겠어요?"라고 되묻는다. 그러나 이 지문이 앞으로 아서의 감정 변화로 변용될 신체의 변화를 이끌게 될 주요한 동인이다. 우리는 여기서 '아서'가 글을 쓰고 있다는 것을 통해, 적어도 그가 자기를 반성하고 성찰하는 시간 위에 살고 있을지 모른다는 실마리를 읽는다. 이는 현대의 일상에서 극히 예민한 문제와 직결돼 있다. 그의 잡(일)과 불우한 출생과 현재의 소외가 험난한 것이기는 하지만, 그것이 무엇을 의미하며 현재의 그를 살아가게 하는 존재적 당위를 명확하게 인식할 수 있는 내적 준거가 바로 그 기록이기 때문이다. 일기를 쓰는 행위의 준거가 그를 부정해야 할 사회의 암적 존재로 규정하거나 나아가 악의 화신으로 단정할 수 없는 새로운 정의의 문제를 상기하게 한다. 말하자면 아서는 선이 아니라 악의 전형을 통해 우리를 정의의 아포리아로 끌어들이는 새로운 인간상의 한 준거가 될 수 있는 인물이다. 더 정확하게 말해, 조커를 통해 우리는 선/악을 넘어서는 포스트 근대의 인간상을 경험해야 하는 과제에 당면한다. 다시 영화는 그가 처한 환경을 뉴욕으로 설정하고 그 도시가 직면한 오늘의 현실을 적나라하게 보여 준다. 아서 플렉이 거리를 횡단하며 혹은 버스로 이동할 때 차창으로 비치는 뉴욕(고담시)의 풍경은 위험수위에 이른 미국의 민낯을 정확하게 재현하는 것처럼 보인다. 산더미처럼 쌓여 악취를 풍기는 쓰레기 더미, 낡고 불결한 노선버스 안에 서로 다른 시선을 향하고 있는 무표정한 얼굴들, 계단 벽에 난삽하게 페인팅 된 온갖 구호, 유일한 위안인 삼류 코믹 쇼에 탐닉하는 시민들의 일상을 이미지화하고 있는 삽화는 오늘의 미국 현실 자체라고 해도 과언이 아니다. 게다가 자연스럽게 아서에게 건네진 총은 삶 자체가 고통의 연속인 고담시의 일상에 기름을 붓는 격이 된다. 영화 흐름에서 그가 다양한 경로로 총을 조작할 때마다 우리는 그와 관계하는 그의 인물들의 위기를 떠올리게 된다. 그는 정신적 결함을 지닌, 말하자면 총을 소지하면 안 되는 위험한 인물로 낙인찍힌 문제아이기 때문이다. 그것은 홉사 총기 옹호자인 트럼프가 전파한 포스트 미국의 대중들에게, 그들의 삶의 진실이 아서와의 우연한 계기와 관련되었을 때 어떤 삶의 전복이 가능할지를 상상하는 것과 유사한 것이다. 거의 모든 일상의 계기들이 아서에게 전면적으로 불리하거나 부정적인 뉴욕의 시스템은 그의 직업이 희극배우라는 것과 아이러니하게 배치된다. 사실 편의 마지막 탈주가 주는 시선의 공허함처럼, 아서의 시간들은 전혀 미래 속에 있지 않다. 그렇기 때문에 출구 없는 그의 미래와 달리 그가 보여 주는 삶에 대한 진지한 노력은 아이러니 자체이며 처연하기까지 하다. 우리는 그가 표현하는 다양한 감정의 표정들을 정확하게 이해할 수 없지만, 한 가지 분명한 사실은 그것이 비극적으로 결과할 것이라는 어떤 확신 같은 것이다. 구조적 한계가 이미 그의 운명을 감싸고 있기 때문일 터인데, 영화는 그 표정의 감정들을 스펙트럼화 하는 과정에서 그가 그 감정의 에너지를 서서히 끌어올리며 마침내 어떤 행동으로 표현되는 과정을 그의 춤을 통해 엿볼 수 있도록 기획한다. 말하자면 그의 감정의 변용이 어떤 강력한 충동으로 표현되기 위한 과정에 혹은 그것과 동시에 그의 춤은 하나의 엑스터시로 그의 신체를 통해 표현되고 있는데, 그것은 그가 그의 내면에 간직하고 있던 주요한 단서들을 해소-표현하는 것과 거의 같은 의미를 지닌다. 그의 춤은 그의 살인 행위와 병치된다. 영화에서 살인은 그의 춤을 더욱 능동적으로 표현하는 동시성을 띤다. 그의 첫 번째 살인은 아동 병원에서 코미디 공연 중 몸에 있던 총을 땅에 떨어뜨리게 되면서, 그것을 본 사람들이 놀라거나 신고한 것이 빌미가 돼 해고당한 후 귀가하던 지하철 안에서다. 3명의 남성이 여성에게 추파를 던지는 상황을 목격한 아서는 그의 지병인 웃음을 연발하게 되고 이를 목격한 일당 3명과 시비에 휘말리게 된다. 그는 두들겨 맞다 결국 총을 발사한 후 도주한다. 그의 처지와 정황상 그것은 지극히 우발적인 것에 가깝다. 거기다 그가 살해한 일당 3명은 모두 고담시의 강력한 시장 후보인 토머스 웨인의 사설 금융회사 직원들이다. 그러니까 고담시의 거의 모든 폭력의 주체들은 웨인의 부하들이라는 추측이 여기서 가능해진다. 살인 후 그는 어느 화장실 안으로 잠입한 후 엑스터시 형태로서의 자신의 감정 표현 방법인 춤을 보여 준다. 화장실에서 감정의 한 퍼포먼스로서의 춤을 추고 난 뒤 그는 자신의 옆 아파트에 딸과 함께 거주하고 있는 소피 드

몬드의 집으로 들어가 그녀와 사랑을 나누는데, 그는 그녀의 회사까지 미행한 사실로 인해 친밀감을 느끼고 있었다. 이 일련의 과정이 그의 감정 패턴을 읽을 수 있는 한 단서로서의 충동임에는 틀림없을 것이다. 지하철 살인 사건은 다음날 대대적으로 뉴스의 톱을 장식한다. 토머스 웨인은 그 살인을 가진 자에 대한 테러라고 규정하며, 이를 응시하는 아서는 자신의 존재감을 내면화한다. 그러던 중 이제 시의 복지 예산 삭감으로 상담뿐 아니라 약을 더 이상 복용할 수 없게 되는 극단적 상황에 직면하게 된다. 생존의 극한을 준비한 노동이 기다리고 있다. 그가 할 수 있는 유일한 노동은 3류 코미디 클럽에 나가 공연하는 것이다. 이 상황은 삶의 근원적 모순에 대한 회의로서의 아이러니로 귀결된다. 'pogo's' 클럽에서 그는 공연 시작과 함께 나오는 웃음을 참지 못하고 연발한다. 이와 함께 고담시는 가면을 쓴 살인 마스크 모방자들로 넘쳐나게 된다. 어느 날 아서는 페니가 반복적으로 토머스 웨인에게 보내는 편지를 몰래 열어 본다. 고쳐 썼다고 말한 그 편지의 내용 속에는 아서가 토머스 웨인의 사생아였고, 그 죄로 그는 자신의 의지와 무관하게 정신병원에 강제 입원되는 불운을 겪어야 했으며, 그 결과 지금은 불가능한 삶의 희망과 고투해야 하는 인생이 되어 있다. 아서는 마침내 아캄주립병원에서 자신을 현재에 이르게 한 근원인 병원 기록을 확인한다. 거기에는 토머스가 거짓으로 꾸며 페니를 강제 입원시킨 것과, 아서의 기록을 허위로 조작해 입양아로 둔갑시킨 기록 등이 낱낱이 기입돼 있다. 우리는 이 대목에서 이 영화의 서사가 상투적이라는 것을 직감하게 되지만, 그것이 아서의 감정 표현을 반감시키지는 않는다. 영화는 여러 곳에서 영화적 완성도를 위해 기술적으로 몽타주 숏을 기입하고 있다. 그 숏들은 거의 모두 그의 악몽과 관계된 기억의 이미지들이다. 그 핵심 전언은 그가 페니의 병실에서 거의 마지막으로 되뇐 "지금까지 살면서 단 1분도 행복하질 않았어"라는 전언에서 압축적으로 드러나는 진실이다. 우리는 이 한 지문을 통해 그가 표현하는 감정의 저편에 역설적이게도 그가 순수한 이성의 소유자임과 동시에, 그가 그와 다른 편에 서 있는 존재들에게도 따뜻한 시선을 보내려고 했다는 것을 엿볼 수 있다. 그렇다는 점에서 그의 감정 폭발로 야기된 충동적 살인은 순전히 그의 몫만은 아니다. 영화는 아서 플렉의 감정 표현과 그것으로 외화 된 충동이, 자신이 처한 열악한 환경을 바꾸려는 열망의 다른 표현이라는 것을 암시하는 것처럼 보인다. 영화 전체의 흐름에서 아서 플렉의 내면은 그의 직업이 희극배우라는 사실과 다르게 어두운 감정의 덩어리들로 들끓고 있다. 더 정확하게 말해, 영화는 그의 천변만화하는 감정의 다발들을 현란하게 클로즈업한다. 클로즈업된 그의 감정 근육들은 가부키의 그것처럼 분칠된 가면 너머의 숨겨진 충동-이미지들을 통해 그의 신체로 전달된다. 신체의 운동은 국지적으로 잠재화되어 공간성을 잃고 질적 경향으로 대체된다. 그의 어두운 내면에 잠재된 충동과 외화 된 신체 표현은 거의 동시성을 띤다. 우리는 아서의 감정 근육을 정독하는 과정이 이 영화를 감상하는 중심에 있다는 단서를 발견한다. 그리고 그것은 오늘-여기 아서의 비루하고 척박한 일상이 그러하듯, 우리의 일상도 거기서 벗어날 수 없을지 모른다는 강박에 사로잡히는 유사 경험을 하게 한다. 우리는 그것이 인간의 가장 나쁜 단계의 삶인 '예속'(노예 상태)이라는 것을 스피노자의 목소리로 확인한다. 그러나 우리가 영화를 통해 궁극적으로 직시하게 되는 더 중요한 사실은 아서 플렉이 적어도 예속(노예 상태)으로부터 벗어나려는 열망(충동) 속에 있었다는 점일 것이다.

주

1. 신철하, 『노자와 에로스: 에로스와 생명정치』, 삶창, 2016, 32면.
2. 崔濟愚, 『東經大全』, 戊子季春北接重刊(影印). 「論學文」편 또한 『神師聖師法設』, 天道敎中央總部, 布德127年(1986)의 天地理氣.
3. 『노자와 에로스: 에로스와 생명정치』, 삶창, 2016, 43-45면.
4. 화이트헤드, 김용옥 옮김, 『이성의 기능』, 통나무, 1998, 352면.
5. 『노자와 에로스: 에로스와 생명정치』, 83-86면.
6. 『노자와 에로스: 에로스와 생명정치』, 53-55면.
7. 질 들뢰즈, 유진상 옮김, 『시네마 1: 운동-이미지』, 시각과언어, 2002, 234면.
8. 바뤼흐 데 스피노자, 황태연 옮김, 『에티카』, 비홍출판사, 2010, 168-170면. "정리 7. 각각의 사물이 자신의 존재를 끈질기게 지속하려는 노력[코나투스]은 그 사물의 현실적 본질 이외에 아무것도 아니다." 혹은 "정리 9[주석]. 이 노력[코나투스]이 정신에만 관계되어 있을 때는 의지라고 불리지만, 그것이 정신과 신체에 동시에 관계되어 있을 때는 충동이라고 불린다(우리는 이 지문에서 들뢰즈가 충동-이미지를 적출해 냈다는 것을 확인하게 된다: 필자). 그러므로 충동은 인간의 본질 자체이며, 그것의 본성으로부터 필연적으로 인간의 보존에 기여하는 것들이 나온다. … 충동과 욕망의 차이는, 욕망은 보통 자신의 충동을 의식하고 있는 한에 있어서 인간에 관계되어 있다. 따라서 욕망은 충동에 대한 의식을 수반하는 충동으로 정의될 수 있다. 그러므로 이상의 모든 것으로부터 명백해지는 것은 이러하다. 즉 우리는 어떤 것을 선이라고 판단하기 때문에 그것을 지향하여 노력하고, 원하고, 추구하고, 욕구하는 것이 아니라, 반대로 우리가 어떤 것을 지향하여 노력하고, 원하고, 추구하고, 욕구하기 때문에 그것을 선이라고 판단한다."
9. 『시네마 1: 운동-이미지』, 250면.

10. Sergi Eisenstein, *Film Form: Essays in Film Theory*, ed & trans by Jay Leyda, A Harvest book · Harcourt, Inc., 1977, p. 225.
11. 바뤼흐 데 스피노자, 『에티카』, 216면.
12. 崔濟愚, 『東經大全』, 癸未仲夏慶州開刊(影印), 第二章「論學文」.
13. 테야르 드 샤르댕, 양명수 옮김, 『인간현상』, 한길사, 1997, 245면.
14. 『天道敎經典』, 天道敎中央總部, 布德147年(2006), 「其他」, 421면. 그리고「靈符呪文」, 293면. "內有神靈者落地初赤子之心也 外有氣化者 胞胎時 理氣應質而成體也故."
15. 플라톤, 강철웅 옮김, 『향연』, 이제이북스, 2010, 137면
16. 자크 데리다, 김성도 옮김, 『그라마톨로지』, 민음사, 2010, 360, 397면.
17. 『노자와 에로스: 에로스와 생명정치』, 149면.
18. 王弼, 『老子注』, 四庫全書, 臺北, 商務印書館. 52장. '道之常也.'
19. 崔濟愚, 『東經大全』, 戊子季春北接重刊(影印), 「論學文」.
20. 『神師聖師法設』, 天道敎中央總部, 布德127年(1986), 「天地理氣」.

무위의 코나투스

미학과 정치
동학의 노자 수용
아리랑과 무위

미학과 정치

미적인 것과 정치적인 것

들뢰즈는 카프카의 문학적 특징으로 '단식'과 '정치성'을 언급하면서, 처음부터 끝까지 그가 정치 작가였음을 주장한다. 다시 말해 "그를 화나게 하는 것, 분노하게 한 것이 있다면 사람들이 그를 문학에서 도피처를 찾는 내면파 작가, 고독의 작가, 죄의식의 작가, 내밀한 불행의 작가로 취급하는"(80면) 것이었다. "카프카는 처음부터 끝까지 정치 작가"였다는 점에서 방에 칩거한 작가가 아니다. 그의 발화는 역사적 발화이다. 궁극적으로 그것은 "정치적, 사회적 발화이다. 미시정치학, 욕망의 정치학으로서의 그 정치학은 모든 것들을" 문제 삼는다. 카프카의 문학이 욕망의 정치학이자, 혁명적 발화의 문학인 이유는 단연 그의 언어로부터 기원한다. 카프카는 체코계 유태인으로서 소수집단의 언어에 구속될 수밖에 없는 결정적 한계를 지니고 있었다. 대체로 "척박한 어휘, 부정확한 구문의 사용이 프라하에서의 독일어 상황이라고" 할 수 있는데, 체코어의 영향하에 있는 프라하에서의 독일어 사용에 대한 예리한 분석을 해 낸 바겐바하는 "전치사의 부정확한 사용, 대명동사의 남용, 아무데나 쓰일 수 있는 동사의 사용('놓다, 위치시키다, 제출하다, 탈취하다'라는 다양한 의미장을 지닌 'giben'이라는 동사가 그 한 예다. 그것은 아무데나 쓰여 강세 기능을 한다), 다양한 부사의 연속적 사용, 고통을 내포하는 용어들의 사용, 단어의 내적 긴장을 고조시키는 단어적 악센트에 대한 강조, 그리고 자음과 모음의 부조화적 배치… 등등이"(46면) 그것들이다. 주목해야 할 것은 언어의 빈곤을 드러내는 위의 모든 특성들이 카프카의 언어에서 '의식적으로'(필자 삽입) 재현되고 있다는 점이다. 역으로 그것은 그의 언어를 욕망의 미시적 정치성을 가장 극적으로 드러내는 데 기여했다. 그의 문학은 혁명적 발화의 기능과 역할을 감당하고 더 나아간다. 그의 언어와 "고독은 카프카로 하여금 오늘날의 역사를 관류하는 모든 문제에 직면하게"(37면)[1] 했다. 다시 한 번 강조해 그 징후를 포착 가능하게 하는 도구는 언어다. 도구로서의 카프카의 언어는 명백히 이중 구속적이다. 부연하여 '정치의 본질은 불일치'라는 점에서 카프카의 언어는 가장 극적으로 그 불일치에 대한 정치적 감각의 재현을 징후화 하고 있다. "불일치는 이해나 의견들의 대결이 아니다. 그것은 감각적인 것과 그 자체 사이의 틈을 현시하는 것이다. 정치적 현시는 보일 이유가 없었던 것을 보게 만드는 것이다. 그것은 한 세계를 다른 세계 안에 놓는 것"이다.[2]

노자의 정치적 언어를 상기해 볼 필요가 있다. 그의 언어는 비정치적 방식으로 정치적인 것을 향해 나아가는 생명의 언어다. 그것은 그의 언어가 보일 이유가 없었던 것을 다시 보게 만드는 정치적 현시의 언어와 관계하기 때문이다. 그런 이유로 우리는 노자의 텍스트를 더 면밀하게 읽기 위한 방법적 전략인 '이중 구속(double bind)'을[3] 제시한다. 그것은 언어에 대한 메타적 이해를 요구한다. 그러니까 우리는 흔히 시적 언어와 일상의 언어를 변별하면서 전자의 언어가 지닌 비실제적, 비사실적, 혹은 비과학적 영역의 사유 표기로서의 문자 행위를 당위로 받아들인다. 이런 이분법적 이해는 그러나 다시 말해 시적 언어와 과학 언어를 구분하는 데 거의 무익하다. 언어는 그렇게 구분되지 않는다. 더 정확하게 말해 개념화된 각각의 언어들은 각각의 영역에 모호하게 스며 있다. 사물과 세계를 인식하는 차원의 변화를 그래서 요구한다. 이중 구속은 노자의 몇 개념어들 —'玄妙(현묘)' '薄明(박명)' '窈兮冥兮(요혜명혜)'— 로 간명하게 해소될 수도 있다. 원칙적으로 이중 구속은 베이트슨이 그의 정신병리학적 상황의 가설을 해소하기 위해 주창한 개념어다. 대체로 인간은 두 개의 상반된 메타 메시지가 주어지는 상황에 처했을 때 분열하게 되는데, 그는 이를 인간 내면의 본질로 파악한다. 우리는 이 인식의 핵심에 인간의 심연을 이해하는, 나아가 언어의 징후적 포착에 중요한 동기를 부여할 수 있다고 생각한다. 노자의 언어는 그런 면에서 서로 다른 것이 대립하지 않으면서 또 배타적이지도 않은, 말하자면 이질적이면서도 서로 동거하는 이중적 상태의 그것이다. 노자의 미적 언어(/정치적 미학)를 통해 한국 정치 좌표의 한 켠을 더 깊이 있게 응시해 볼 수 있다.

노자의 언어와 정치

노자의 언어적 메타포에 주목할 필요가 있다.

> 孔德之容, 惟道是從. 道之爲物, 惟恍惟惚. 惚兮恍兮, 其中有象. 恍兮惚兮. 其中有物. 窈兮冥兮, 其中有精. 其精甚眞, 其中有信. 自古及今, 其名不去, 以閱衆甫. 吾何以知衆甫之狀哉, 以此.[4]

 지문에서 주목되는 것은 지금까지 관행적으로 설명되고 범박하게 이해하여 왔듯이 도의 실천 원리로서 덕의 존재론적 형용으로 단순화하기 어렵다는 점이다. 도와 덕을 상하 관계가 아닌 리좀의 수평적 그것으로 이해할 때 해석의 질적 변화가 일어난다. 다시 말해 이 장을 지배하는 해석의 주제어는 '窈兮冥兮(요혜명혜)' 즉 들뢰즈가 '기관 없는 신체(CsO)'를 설명하는 과정에서 무엇이 '되기' 바로 전의 가장 강력한 에너지의 상태이자, 어떤 경계의 사이에 있으며, "'신체(Corpus)'이자 '사회체(Socius)'이고 정치이자 실험"인, "자신을 정점을 향해 가게 하지도 않고 외적인 종결에 의해 중단되게 하지도 않는 그런 방식으로 구성되는 연속적인 강렬함의," "베이트슨이 고원이라고 부른"[5] '알'(가령, 들뢰즈가 예로 들고 있는 도곤족)의 상태, 노자가 다시 '박명(薄明)'이라고 명명한 그 언어의 이중 구속적 자질을 내면화할 수 있을 때 이해 가능하다. 그 이해의 지평에서 텍스트는 "텅 비어 있는 모습으로서의 덕은 모름지기 도의 원리에 기초한다. 만물을 돕는 도는 황홀함 그 자체이지만, 어떤 형상을 가지고 있는데, 그 형상은 부화하기 전 알의 상태처럼 충만한 에너지(생명) 덩어리이다. 그 에너지 그러니까 어떤 '잠재성'(혹은 미명)이 무한한 생명력의 원천이다"로 해석된다. 해석을 향한 차원의 질적 변화를 가능하게 한 것은 생명에 대한 전제로부터 기인한다. 말하자면 생명의 잠재성에 대한 응시가 노자의 언어를 차원의 변화로 이끈 중요한 계기이다. 근대 국가주의와 자본주의가 파괴한 온전한 '주체되기'로서의 '나'의 생태를 어떻게 회복할 수 있을까. 그 질문의 중심에 노자의 생명관이 있다. 부연하면 그것은 병영국가주의로 포획된 분단 체제와 위험수위에 이른 자본주의의 증상으로 반생명 상태에 놓인 이 땅 인민의 생명력 회복을 위한 인식소로 기능할 수 있다. 그 인식의 전환을 통해 우선 '내 안의 혁명'으로 나아갈 수 있다. 증거를 예시할 수 있다. 동학의 텍스트를 호출해야 할 것이다. 이 텍스트도 관습과 관행에 의해 여러 형태로 의미가 오염되어 있는데, 그 핵심 전언은 '모심(侍)'이다. 모심을 정확하게 확대하면 '사랑'과 '생명'이다. 민중의 삶이 극도의 도탄에 빠진 조선 후기의 상황을 면밀하게 이해하는 데 결정적 역할을 하는 이 텍스트의 모심이 최종 심급에서 노리는 것은 주저 없이 '혁명'이다. '내 안의 혁명'으로부터 출발하여 '우리'와 '체제'의 그것으로 나아가는 질적 확산과 진화의 원리로서 생명에너지의 거대한 흐름에 대한 응시가 그것이다. 그렇기 때문에 가령 '도지위물 유황유홀(道之爲物 惟恍惟惚)'을 도는 실체가 있는 것 같기도 하고 없는 듯 있는 황홀함 그 자체이다. 황홀은 "없는 듯 있고, 있는 듯 없으며, 없지 않으면서 없고 없으면서 없지 않으니, 있고 없음이 정해지지 않았으므로 황홀"(성현영)하다고 해석 가능하게 된다. 그 해석은 동학의 「불연기연(不然其然)」편과[6] 놀라우리만치 정확하게 조응한다(노자와 동학의 관계에 대해서는 장을 달리하여 개진한다). 어떤 메시지에 대해 그러하면서 그렇지 아니함을 동시에 포괄하는 이 형용모순을 어떻게 수용할 수 있는지의 문제가 그러므로 동학뿐만 아니라 노자 언어를 이해하는 제1의 원리가 된다. 그런데 사실 이 문제는 『도덕경』 전체의 화두로서 1장부터 지배소로, 나아가 지속적으로 텍스트 전체에 걸쳐 전개된다.

> 道可道非常道, 名可名非常名. 無名天地之始, 有名萬物之母. 故常無慾以觀其妙, 常有慾以觀其徼. 此兩者同, 出而異名, 同謂之玄, 玄之又玄, 衆妙之門.[7]

도의 원리와 생명에 관한 개념을 기술하고 있는 이 장에서 주목되는 것은 도/비도, 무명/유명, 무욕/유욕으로 수렴되는 대립쌍(binary opposition)을 서구적 근대의 이데올로기를 넘어서는 접목, 상감, 대리 보충[8] 나아가 '차연(différance)'의[9] 범주에서 구사하고 있다는 점이다. 대립되는 두 개념어가 혼재하는 의미와 형식으로 수용되기 위해서는 인식의 근본적인 질적 변화와 도약을 요구한다. 그것은 양 극단의 모순을 껴안고 그 모순의 상태를 지속할 수 있는 에너지를 동시에 필요로 한다. 이중 구속이라고 말한, 세계 이해의 과정을 그래서 전면적으로 통찰해야 하는 과제에 직면하게 된다. 가령, 『장마』가 뛰어난 텍스트인 것은 유년기 전쟁 체험 세대의 전쟁에 대한 탁월한 묘사 때문이 아니다. 분단 체제에 관한 더 매력적인 시각과 소재는 뛰어난 작품이 차고도 넘친다. 그럼 무엇일까. 이 텍스트의 높은 성취는 토착어의 자연스런 스밈과 함께 세계를 이해하는 예리한 방략으로부터 기인한다. 작가는 특별히 유년기적 시선으로 6·25를 호출해 내는 과정을 통해, 그것이 어떻게 우리의 현재 삶을 위요하고 있는지를 심문한다. 그 심문의 형식은 국군 외아들을 둔 외할머니와 '뽈갱이'가 된 아들의 생사에 노심초사 하는 할머니의 대립적 긴장과 묵시적 갈등을 지켜보는 '나'의 감정(정동) 상태를 채색하는 과정과 맞물려 있다. 작가는 강력한 타자인 두 할머니 사이에 끼여 전쟁이 어떻게 가족을 해체하고 세속적 차원의 삶을 왜곡하는지를 핍진한 풍속의 묘파를 통해 재현해 낸다. 그 절정에서 작가가 소년인 '나'에게 결정적으로 심문하는 것은 "오삼촌이 존냐, 친삼촌이 존냐?"라는[10] 곤혹스런(/분열적) 수사이다. 소년은 마침내 분열한다('분열적 코기토': 들뢰즈). 그 분열이 소년의 분단 체제 이후의 삶을 지배하는 내면이다. 무명과 유명, 무욕과 유욕은 그러므로 대립적 쌍의 형식으로서 둘이지만 하나인 것처럼, 혹은 어떤 상황에서 소년의 마음은 이것 아니면 저것이라고 택일하기 어려운 어떤 것이다. 세계 이해의 전일적이며 생태적인 사유가 요구되는 이유이다. 이런 맥락에서 보면 지금까지의 노자 이해 관행과 달리 이 장의 지배소(dominant)는 '도'와 '덕'이 아니라 '현'이다. 현은 '미명'이나 '적혜요혜(寂兮寥兮)'와 유사한 범주에서 언어적 메타포를 내포하고 있는 개념어로 6장에서 '曲神(곡신)은 불사하니 이를 玄牝(현빈)이라 한다'라는 기술에서 엿볼 수 있듯, 여성성의 함의를 지니고 있다. 그 여성성은 아름다움과 신비함, 생명의 모태와 온갖 생명 탄생에 대한 상징을 암유한다. 그렇기 때문에 도가 정치와 사회적 삶의 기준이 될 수 있다면, 그 삶의 운동성을 가능하게 하는 모멘텀을 노자는 이 현묘함으로부터 찾고자 한다. 흡사 그것은 플라톤이 『티마이우스』에서 언명한 코라(khōra)의 은유적 표현과 상동성을 띠고 있는 듯한데, 허(虛)나 공(空)으로도 해석 가능하다. 노자의 언어가 비움의 미학으로 수렴될 수 있는 이유이다. 그러나 비움은 욕망의 단순한 절제가 아니다. 노자의 비움은 욕망의 이중 구속 상황을 전제해야 한다. 말하자면 "도는 텅 비어 있되 아무리 써도 궁함이 없다"[11]라는 패러독스를 이겨내기 위해서는 '玄'으로 표상되는 언어의 이중 구속성을 궁구해야 하는 인내가 요구된다. 이 문제에 접근하기 위해 노자 14장을 음독해 볼 필요가 있다.

> 視之不見, 名曰夷. 聽之不聞, 名曰希. 搏之不得, 名曰微. 此三者不可致詰, 故混而爲一. 其上不皦, 其下不昧, 繩繩兮不可名. 復歸於無物, 是爲無狀之狀, 無物之象, 是爲惚恍. 迎之不見其首, 隨之不見其後. 執古之道, 以御今之有, 能知古始, 是謂道紀.[12]

원문을 주석하면, "夷(이), 希(희), 微(미)의 상태를 유물혼성의 도에 비유할 수 있다. 도의 다른 이름인 물이나 통나무(樸) 혹은 신비한 여성으로 비유되는 현빈(玄牝)을 생각할 수 있을 터인데, 우리는 이를 통해 도를 실천하는 실마리로 삼을 수" 있다. 여기서 눈여겨보아야 할 것은 도가 아니라 '이,' '희,' '미'라는 수사적 어사이다. 아마도 들뢰즈의 '초월적 경험론'으로 설명될 수도 있을 '기관 없는 신체'에 대한 설명이나, 단순하게 물리적 조건으로는 설명되지 않는, 화이트헤드가 더 좋은 삶을 위한 방략에서 심미적 충동이라고 말한, 모호하고(vague), 희미하게(dim), 동요하며(vacillating) 우리의 내면 깊은 곳에 뒤섞여 있는 상태로서의 원초적 본성(primordial nature)과 관련된 사변적 상상을[13] 생각해 볼 수 있을 것이다. 노자는 그것을 유물혼성(有物混成)이라고 했다. 유물혼성이란 25장에서 전개하고 있는 것처럼, "有物混成, 先天地生, 寂兮寥兮, 獨立不改, 周行而不殆, 可以爲天下母. 吾不知其名, 字之曰道, 强爲之名曰大, 大曰逝, 逝曰遠, 遠曰反. 故道大, 天大, 地大, 王亦大, 域中有四大, 而王居其一焉. 人法地, 地法天, 天法道, 道法自然"으로[14] 수렴된다. 다시 말해 유물혼성은 고요하고 텅 빈 어떤 것이 혼돈 속에 생성된, 말하자면 이 세계의 생명을 이루는 탯줄(母)로, 정확하게 무엇이라고 명명하기 어려운 어떤 것이다. 우주와 지구의 탄생 과정을 묘사하고 있는 듯한 이 대목에서 우리는 대체로 미궁 속에 빠진다. 문제는 그러므로 유물혼성을 어떻게 이해해야 하는가이다. 이와 함께 25장의 지문에서 면밀하게 살펴보아야 할 것은 '도'가 아니라 '자연'이다. 여기서 자연은 인간에게 대상으로 존재하는 물리적 자연이 아니라, 상태나

속성을 서술하는 기능의 측면에 더 주목해야 할 필요가 있다. 그렇다면 도는 '유물혼성'과 '적혜요혜'에 구속된다. '정치의 본질이 불일치'라는 면에서 노자의 도는 우리에게 보이지 않았던 정치의 미시적 덕목들 사이의 틈을 현시한다. 그런 의미에서 '시지불견(視之不見)'은 보려고 해도 보이지 않았던 것의 정체를 알게 해 주는 '이', '희', '미,' 즉 세 개의 개념어들 사이에서 운동하는 무엇이다. 그 운동하는 무엇을 '생명의 약동'이라고[15] 할 수 있다면, 노자 정치학의 궁극은 삶의 도약을 가능하게 하는 에너지로서의 에로스라고 말할 수 있을 것이다.

> 載營魄抱一, 能無離乎. 專氣致柔, 能嬰兒乎. 滌除玄覽, 能無疵乎. 愛民治國, 能無知乎. 天門開闔, 能爲雌乎. 明白四達, 能無爲乎. 生之畜之, 生而不有, 爲而不恃, 長而不宰, 是謂玄德.[16]

과장을 포함하여 위의 지문 10장을 근사하게 읽는 과정을 퍼포먼스 하면 사실 『도덕경(道德經)』 8할은 이해했다고 해도 과언이 아니다. 그만큼 고도의 읽기에 대한 위력을 요구한다. 지문의 주제어는 "天門開闔, 能爲雌乎"이다. 단연 이 지문의 주제어는 '雌(자)'다. 그 자는 단순한 여성이 아닌 '玄牝'(6장)에서 미명의 여성, '衆妙之門(중묘지문)'(1장)의 묘령의 여인, '天下之牝(천하지빈)'(61장)의 정치적 여성성과 대리 보충의 관계다. 이런 이유 때문에 의미 있는 해석에 도달하기 위해서는 기존의 관행 어법에서 흔하게 통용되던 『설문해자주(說文解字注)』류의 세밀한 낱글자 주해만으로는 빈약한데, 가령 『노자익(老子翼)』

에서 '載'를 '乘'으로 읽는다든가, '營'을 '經營'으로 해석하는 것, 소자유(蘇子由)의 주를 따라 "魄과 魂은 차별성을 지니고 있어, 전자는 物로, 후자는 神으로 해석된다"[17] 같은 것, '전기치유(專氣致柔)'를 여길보(呂吉甫)의 주해에 의지해 "專氣는 분리되지 않고 致柔 또한 거스르지 않는다"로[18] 풀이하는 것, '玄覽'을 '觀妙'(呂註)로 주해한 것 등이 그렇다. 우리는 인문, 인문적인 것이 언어의 성감대를 향한 모어(mother tongue)의 미적 구현에 있다는 단순한 진리를 상기한다. 모어는 근본적으로 주체적 존재자의 물적 감각에 이중 구속돼 있다. 그리고 그것의 더 높은 차원은 서사적이다. 들끓는 서사 욕망 때문에 언어는 우리의 나날의 삶과 서사를 극적으로 구성한다. 그것이 카프카적 맥락에서의 미시 정치이다. 이 감각의 공유를 통해 10장에 대한 근사한 해석을 간취하게 된다. "생과 사를 능히 하나로 감싸는 지난한 과정을 감당할 수 있겠는가. 나아가 그 기운(혼백)을 잘 다스려 아이의 마음과 같이 할 수 있겠는가. 마음을 수양하여 투명한 깨달음의 상태에 도달할 수 있겠는가. 정치에 나아감에 자신의 무지를 감당할 수 있겠는가. 도를 실천함에 사랑하는 여인의 그것을 대하는 마음으로 할 수 있겠는가. 깨달음을 실천함에 무위의 경지에 이를 수 있겠는가. 낳고 기르되 간섭하지 않을 수 있겠는가. 정치에 나아가되 지배하려 하지 않을 수 있겠는가. 그렇게 할 수 있다면 좋은 정치를 실천하고 있다고 감히 말할 수 있다"가 그것이다. 죽음과 삶을 하나의 과정으로 인식하고 실천하는 것은 어려운 일이다. 문제는 그 극단의 아포리아에 '전기치유,' 즉 '아이의 마음'이

오버랩 된다. '정치'와 '도'와 '에로스'가 겹을 이뤄 집적되는 상황의 언어 앞에 우리는 극심한 카오스의 상태를 경험하지 않을 수 없다. 이 혼돈의 상황을 그러나 면밀하게 응시하면 그 심연을 지배하는 단 하나의 언어가 에로스(雌), 즉 "天門開闔, 能爲雌乎"라는 것을 간파하게 된다. 사랑은 모든 것을 녹인다. 사랑 자체가 생명현상의 본질이기 때문이다. 이 해석을 통해 우리는 적어도 정치가 에로스에 의해 궁극적으로 완성된다는 노자의 미학에 근사하게 접근할 수 있다. 55장이 이 명제를 구현하는 꼭짓점에 위치한다.

> 含德之厚, 比於赤子. 蜂蠆虺蛇不螫, 猛獸不據, 攫鳥不搏. 骨弱筋柔而握固, 未知牝牡之合而全作, 精之至也, 終日號而不嗄, 和之至也. 知和曰常, 知常曰明, 益生曰祥, 心使氣曰強, 物壯則老. 謂之不道, 不道早已.[19]

이 전문은 그러나 정확하게

> ㉠ 含德之厚, 比於赤子. 蜂蠆虺蛇不螫, 猛獸不據, 攫鳥不搏. 骨弱筋柔而握固, 未知牝牡之合而全作, 精之至也, 終日號而不嗄, 和之至也.
> ㉡ 知和曰常, 知常曰明, 益生曰祥, 心使氣曰強, 物壯則老. 謂之不道, 不道早已.

로 대분하여 읽어야 그 결을 살릴 수 있다. 즉 '㉠ 후덕함은 적

자에 비유된다. 가령 벌과 독사의 정력에 버금할 만하고, 맹금의 유연함과 강한 힘에 대적할 만하다. 그 부드러움과 유연함에서 나오는 강한 정기 때문에, 성교함에 정력의 최고 상태에 도달해, 온종일 괴상한 소리를 질러도 목이 쉬지 않을 정도로 교합의 절정을 이룬다'와 'ⓒ 그 교합의 짝을 찾는 것을 영원함이라 하고, 이를 경험하는 것을 날 새는 줄 모른다(궁극에 이르렀다)고 한다. 그런데 이를 위해 작위적으로 기를 북돋우려 하면 재앙을 맞는다. 술수를 부려 기를 북돋는 일을 억지로 하면 결국 뭇 생명들은 기의 쇠약이 따른다. 즉 도에 순응하지 않으면 서둘러 생명을 재촉한다'가 그것이다. 에로스의 아름다움을 묘사하는 ㉠과 성찰적 사유로 수렴되는 ㉡에서 우리는 플라톤의 에로스를 겹쳐 읽게 된다. 플라톤의 에로스가 정치로 수렴되듯이 노자의 에로스도 정치를 향하고 있다.[20] 그러니까 에로스가 정치의 주요한 모멘텀이자 궁극이다. 맥락적 독서에서 노자의 에로스는 52장의 '襲常(습상)'과 71장의 '無知'에 대한 사변을 통해 완성된 서사의 모형을 이룬다. 52장의 주제어는 '母'다. 왕필은 단순하게 모를 자에 대응하는 개념 정도로 주석하고 있는데,[21] 이 모가 생명의 모멘텀으로서 에로스의 원천이며 생명현상을 거의 도와 같은 위계에서 구현하는 궁극이다. 그러니까 라캉식으로 인유하면 '母'가 곧 '道'다. 이 장에서도 어떤 의미의 최종 심급을 위해서는 마찬가지로 모, 견소, 용기광, 습상의 운동적 관계를 서사적 모형으로 조형하는 해석적 퍼포먼스가 요구된다.

天下有始, 以爲天下母. 旣得其母, 復知其子, 旣知其子, 復守其母, 沒身不殆. 塞其兌, 閉其門, 終身不勤. 開其兌, 濟其事, 終身不救. 見小曰明, 守柔曰强, 用其光, 復歸其明, 無遺身殃, 是爲襲常.

생명의 근원으로서의 母 역시 도의 개념에 가깝다. 여성성으로서의 그것의 미덕은 열고 있을 때가 아니라 닫음을 수행할 때 배가된다(더 정확하게 말해 열림과 닫힘의 사이, 혹은 운동성으로서의 벡터적 에너지를 머금고 있을 때 도에 가깝다고 할 수 있다). 닫힘과 열림의 사이(見小) 혹은 틈, 곧 미명(微明)을 달리 습상(진리)이라 한다.[22]

노자 에로스의 극치는 생명의 근원으로서의 '母'로 수렴된다. '기관 없는 신체'에[23] 비유되는 어떤 잠재태로서의 '아이'는 그러므로 천하 만물의 근원인 모의 생명현상을 통해 자신의 지위를 할당받는다. 그 아이가 응시하는 것이 '見小(견소)'다. 이 차연의 개념어가 여성의 '그것을' 열고 닫는 사이의 변증적 운동성, 어둠과 빛의 사이, 그러니까 어떤 경계의 사이를 막 통과하면서 희끄무레한 상태의 기운을 정확하게 포착하는 잠재적 에너지에 대한 감각을 함의한다. 노자는 그것을 통칭해 '微明(미명)'이라고 언명했다. 그 미명이 지닌 잠재태로서의 생명현상을 지문에서는 '用其光(용기광)'이라고 부연할 수 있다. 여기서 성찰이 일어난다. 깨달음과 실천은 노자에게 동시적인 것이다. 그러니까 에로스는 '모'를 '도'와 같은 위계에서 운동하게 하는 에너지인 셈이다. 그런데 55장 주제어의 기능적 성격을 지닌 접속사 '그런데'가 암시하고 있듯이, 에로스는 이 미명의 상황에서 끝나지 않는다. 에로스를 대리 보충하고 있는 것은 언어적 욕망이다. 그것은 에로스가 미처 도달하지 못한 무의식의 심층을 언어(문자)로 구성하는 생명의 약동과 같은 위계의 운동성이다. 마치 라캉이 '무의식은 언어처럼 구조 지어져 있다.' 아니 더 나아가 '무의식은 언어다'라고[24] 언명했을 때의 언어적 리비도와 비견된다. 이때 에로스는 언어적 욕망과 등가다. 문제의 핵심은 그러므로 에로스와 언어를 대리 보충으로 구성하는 심미적 충동, 혹은 감각과 관계한다. 우리는 노자가 "知不知上, 不知知病. 夫唯病病, 是以不病, 聖人不病, 以其病病, 是以不病"이라고[25] 일갈할 때, 그것이 단순히 생물학적 욕망과 사회적 에토스를 계몽의 어조로 계시하고 있다고 이해하면 곤란하다. 빈약한 세계 이해는 늘 대립적이며 단선적인 범주 속에 우리를 가둔다. '인간 현상'은 그것보다 훨씬 과학적이며 복잡한 관계의 사슬 속에서 운동하는 과정의 지속 위에 있는 무엇이다. 그러니까 에로스의 다른 한 면인 반성하는 사유는 에로스의 완성을 위한 생명 활동의 주요한 다른 한 축이 된다. 『신성한 주변』, 『동물학으로 본 인간 무리』 등을 통해 지구 생물학, 고고학, 과학철학 등에 탁월한 혜안을 보여 준 테야르 드 샤르댕은 노자의 미학을 과학적으로 사유함으로써, 생명의 본질과 생명 활동에 대한 주목할 만한 전언을 남긴다. 그에 따르면 "반성이란 그 말이 가리키는 대로 우리 자신에게로 돌아가고자 하는 의식의 힘"으로 정의된다. 부연하면 "우리 자신을 대상으로 놓고 자신의 존재와 가치를 헤아리는 능력이다. 그러므로 반성은 단지 아는 게 아니라 자신을 아는 것이요, 그냥 아는 게 아니라 안다는 것을 아는 것"이다. 이는 최초의 인간이 우주와 지구로부터 다른 여타의 존재들과 더불어 진화를 거듭해 오는 과정에서 차별화되는 특별한 생명 활동으로 평가된다. 우주와 지구 생명의 첫 출현을 샤르댕은 세포의 혁명으로(天地之始: 노자) 분별하면서, 세포 혁명의 밖은 복잡화의 증가와 함께 다양한 생명적 요소들의 서로 닮음이, 혁명의 안으로는 얼의 증대가 함께 일어난다고[26] 하면서, "얼의 변화에 세포조직이 발견되었다는 것"은 결코 우연이 아님을 증언한다. 즉 "물질의 종합상태가 증가하면서 그와 함께 의식도 증가"하는데 이를 조금 더 부연하면 "바깥으로는 새로운 형태의 미립자 집합이 이루어져 다양한 크기의 무한한 물체가 더욱 유연하고 농축된 조직을 형성하고 … 안으로는 새로운 형태의 활동 곧 의식의 움직임이" 나타난다. 이처럼 "분자에서 세포로 옮겨가는 것 곧 생명의 발걸음을 우리는 이중 변화로 설명할 수 있"다. 그런데 그런 변화의 결과는 무엇인가? 우리는 그것을 "자연에 발생한 물리학 사실이나 천문학 사실만큼이나 뚜렷하게 읽을 수 있다. 자기에게로 돌아가는 반성하는 존재, 그는 곧 새로운 세계로 뻗어 나갈 수 있게 된다. 다른 세상이 탄생한 것이다. 추상화, 논리, 선택, 발명, 수학, 예술, 공간과 시간의 측정, 불안, 사랑의 꿈…, 이 모든 것이 자신을 향해 새로 이룩된 중심의 들끓음 바로 거기서 나오는" 것이다. 생명현상은 우주와 지구를 싸고 있는 모든 사물들의 "의식의 상승이기 때문에 깊이의 변화없이는 계속 앞으로 나갈 수 없"다. 에로스가 중요한 것은 그러므로 그것이 생명 활동의 가장 고귀한 진화의 본질에 가깝기 때문이다. 그래서 "만일 아주 미약하나마 분자에게도 서로 하나가 되려는 욕구가 없었다면 높은 단계인 인간에게서 사랑이 나타나는 것은 물리적으로 불가능하다. 우리에게 사랑이 있다고 하려면 존재하는 것에는 모두 사랑이 있다고 해야 한다. 우리 둘레에서 수렴하며 올라가는 의식들 어디에도 사랑은 빠지지 않는다. 사랑의 힘으로 세상의 조각들이 모여 생명을 이룬다. 이것은 무슨 비유가 아니다. 시 이상이다. 우주의 샘과 같은 그 힘을 느껴 보려면 사물의 안으로 들어가 보면 된다. 거기에는 끌어당기는 얼이 있기 때문"이다. "사랑은 우주의 얼이 개체에 수렴될 때 개체 속에 직접 남은 흔적 이상도 이하도 아닌"[27] 것이다. 반성하는 의식은 사랑을 절대적 전제로 한다. 그렇기 때문에 노자가 인간이 지녀야 할 세 가지 보물 중 첫째로 꼽은 '慈(자)'는 '儉(검)' '敢爲天下先(감위천하선)'과 대리 보충의 관계로 읽어야 한다. 그러니까 사랑의 사회적 기표인 자애가 겸손, 검약함과 서로 관계의 운동 속에 겹쳐 있다. 그 겹침의 한가운데를 사랑이 관통한다. 주지하듯이 노자의 언어는 겹침과 대리 보충의 운동 속에 있는 언어다. 노자의 도는 그러므로 사랑의 다른 이름으로 대체된다. 부연하면 도란 무엇인가란 질문은 사랑이란 무엇인가의 다른 질문이다. 그리고 그 최종 심급에서 노자는 사랑의 정치에 대한 언어의 미적 구성을 기획한다. 욕망의 환유로서 '소국과민'의 정치체가 그것이다. 우리는 그 실체를 뛰어난 한 문학적 언어를 통해 음미할 수 있다.

『회색인』의 경우

노자 정치학의 최종 심급은 궁극적으로 '사랑의 원리 속에 구현된 공동체'로서의 '소국과민'을 목표로 한다. 『도덕경』의 지배소인 에로스와 정치(/국가)는 하나의 원리 속에 이중 구속돼 있다. 이중 구속은 높은 단계의 언어적 은유를 바탕으로 한다. 그 은유적 언어를 매개하는 것은 사랑이다. 사랑의 언어가 세속적 정치의 한계를 초월하는 힘을 내재하고 있다는 것은 진리다. 우리는 그 한 보기를 현대 한국의 분단 체제를 배경으로 하고 있는 『회색인』에서 발견한다. 최인훈 문학을 대표하는 이 소설은 병영국가 형태로서의 분단 체제에 갇힌 독고준의 자유와 민주주의에 대한 본질적 질문의 형식을 취하고 있다. 짙은 관념과 현실에 발 딛지 못하고 배회하는 지적 유희의 절규처럼 보이는 이 소설은 그러나 최인훈 문학의 가장 높은 단계의 리얼리티를 웅변하며, 분단 체제 이후의 국가와 삶의 생태를 예리하게 응시하고 있는 것처럼 보인다. 일차적으로 이 소설을 지배하는 관념은 자유와 사랑이다. 박람강기에 가까운 독고준이 '1958년 어느 비가 내리는 가을 저녁'에서 '1959년 어느 비가 내리는 여름 저녁'까지의 서사적 시간을 간극으로 하고 있는 이 소설은, 한국 민주주의의 진정한 회복을 위해서는 급진적 혁명을 통해서만 가능하다고 믿는 '김학'과, 김학의 그 주장은 오히려 보다 낮은 생활 차원에서의 사랑으로서만 성취 가능하다고 믿는 '독고준'의 회색적 진실과 격렬하게 대립한다. 이 땅의 지식인이 보여 줄 수 있는 가장 아름다운 의식의 제전으로 평가될 만한 논쟁을 절정으로 이끄는 것은 독고준의 한국 민주주의에 대한 근원적 불가능성을 주장하는 지점에서다. 그가 보기에 한국 민주주의는 태생적으로 불가능성을 안고 있는데, 그 이유는 식민지와 제국주의 경험이 전무하며, 오히려 일제 식민지를 체험하기까지 한 우리에게 가능한 출구는 나침반과 시계 없는 배 같은 정신적 아노미를 전제해야 하기 때문이다. 반면 혁명적 급진주의자 김학에게 한국의 민주주의는 민족주의의 다른 이름이다. "만일 상해 임시정부가 해방 후 초대 내각이 되었더라면, 사태는 훨씬 좋아졌을 것이다. 그들은 선거 없이 그대로 정권을 인수한다. … 국가는 신화로 시작되는 것이기 때문에 그들은 우선 친일파를 철저히 단죄했을 것이다"에서[28] 보듯, 독고준의 현실 인식과 대척점에 서 있다. 이 화해할 수 없는 인식의 차이가 독고준으로 하여금 현실 불가능한 민주주의를 넘어 사랑으로 나아가게 한다. 여러 경로를 거쳐 도달한 독고준의 한국 현실을 향한 응시는 퇴행적이며 개량적인 것처럼 보이는 현실 수용이다. 고독한 단독자로서의 삶은 감내하기 힘든 현실보다 더 큰 불행이다. 이중의 고통이 주어져 있는 것처럼 보인다. '삶의 도약(élan vital)'은 그 고통을 응시함으로써 일어난다. 에로스를 향한 열망이 그것이다. 소설에서 독고준을 삶의 어떤 지속으로 이끄는 힘은 사랑이다. 연작 『회색인』과 『서유기』를 관통하는, 근친 '이유정'을 향한 열애는 박제된 젊음이 자유의 이름으로 행할 수 있는 가장 아름다운 의식의 도가니라 해도 과언이 아니다. 우리는 그 의식의 열광, 그 열망이 행한 생명의 무한 긍정에 대한 에로스를 어떤 언어로 설명할 수 있을까. 그렇기 때문에 그들의 열애가 막힌 출구를 열기에는 한없이 무력하고 고통스러우며 퇴행적이기까지 하지만, 그럼에도 답답한 현실을 낮게 기어가는 것, 마침내 이유정의 문 앞에 당도하여 열화와 같은 의식의 도가니에 침잠하는 것을 사랑이 아니라고 부정하기는 어렵다. 독고준이 김학을 보내고 그 길고 고독한 시간을 견디기 위해 이유정의 방문을 열고자 했을 때, 그 짧은 시간과 동선에 반비례하여 급속하게 높아지는 의식의 가열성과 번뇌하는 역사적 시간의 파노라마를 상상하는 독자의 마음은, 그의 사랑이 단순히 생의 비루한 연명의 차원을 넘어 '사랑의 원리 속에 구현된 공동체'의 진실을 향하고 있을지 모른다는 열망을 상정하지 않을 수 없게 한다. 우리는 사랑의 원리 속에 구현된 삶의 공동체를 부패한 국가주의의 다른 대안인 마을 코뮌으로 상정해 볼 수도 있다. 독고준의 정치적 세부가 여기에 미치고 있는 것은 아니지만, 그 맹아의 잠재성을 잉태하고 있음을 부인하기 어렵다. 최인훈의 정치적 이데아(/미학)는 그렇기 때문에 언어의 추상을 완전히 걷어 내지 못한 미완의 형식으로 남아 있다.

동학의 노자 수용

'侍'와 에로스

 동시대의 정치를 생각한다. '치안'이 정치의 탈을 쓰고 인민을 기만해 온 사건들에 대한 응시가 필요하다. 정치의 미학, 미학의 정치를 생각한다. 『향연』 해석 과정을 통해 (자신이) '가지고 있지 않은 것을 (사랑받는 자에게) 주는 것'이라는 라캉의 에로스에 대한 정의는 미학의 정치, 혹은 정치의 미학이 도달할 수 있는 한 전형을 보여 준다. 에로스와 욕망의 정치학으로 거칠게 요약할 수도 있는 그의 에로스는, 사랑이란 궁극적으로 '나는 무다(I'm nothing)'라는 소크라테스의 선언을 통해 — 노자식으로 표현하면 허(虛)나 공(空) — 자신의 결여를 직시하고 알키비아데스의 유혹을 파국으로 봉합하는, 그럼으로써 마침내 사랑이란 궁극적으로 사랑하는 자(에라스테스)와 사랑받는 자(에로메노스)의 관계에 의해서가 아니라, '아갈마'라는 3자 관계의 새로운 모형에 의해 완성된다는, 결여와 욕망의 명제를 도출하는 것으로[29] 요약된다. 여기에서 생명 정치로서의 에로스의 궁극적인 미덕을 발견할 수 있다. 동학은 그것이 '위태롭게' 정치적일 때 가장 종교적이고 미적이며 궁극적으로 민주적이었다. 19세기 말 동아시아의 역사적 사건이 되기를 기꺼이 주저하지 않았던 생명운동으로서의 동학의 역동적 자질은 부분적으로 노자의 언어를 통해 더 명료하게 획득 가능한 것이 된다. 가령, 동학의 근간을 요약하고 있는 본주문은 "侍天主 造化定 永世不忘 万事知"로(원래 주문은 至氣今至 遠爲大降 侍天主 造化定 永世不忘 万事知의 21자) 구성되어 있는데, 여기서 특히 '侍'는 "侍者 內有神靈 外有氣化 一世之人 各知不移者也"의[30] 주해에서 엿볼 수 있듯, 높은 단계의 미적 정치성을 표상한다. 그 잠재성이 동학 생명 정치의 핵심이다. '시'는 동학이 포괄하고 있는 종교적 자질을 넘어서는, 19세기 조선의 인본주의를 과학적으로 웅변하는 키워드이다. 두 개의 예증이 가능하다. 첫째, 테야르 드 샤르댕의 생명과학과의 비교/대조를 통해서다. 대체로 기존의 '시' 해석을 관류하는 범박한 정조는 종교적으로 천주를 지극히 모시는 일과 인간 생명에 대한 최고의 공경(모심)으로 요약할 수 있다.[31] 그러니까 내유신령을[32] 마음이나 영적인 것의 경지로, 외유기화를 내유신령이 밖으로 나타난 상황이나 덕목으로 이해하는 경우가 그것이다. 이와 함께 내유신령 → 외유기화 → 일세지인 → 각지불이자야를 순차적 진화의 위계로 인식하려고 한다는 것인데, 이에 대한 짐작은 동학이 종교적 성격이 짙다는 점, 동아시아의 문화적 관행(유교 문화와 자구 주해 전통) 등이 그런 결과로 나타났을 가능성을 배제하기 힘들다. '시' 해석은 동학의 본질을 관철하는 주제어적 성격을 내포하고 있다. 나는 여기서 동학을 종교적 범주를 넘어서 '시대의 언어'로 대면코자 한다. '시' 해석의 전면적 전환과 함께 새로운 미학으로서의 가능성을 타진하는 것이 그것이다. 직언하면, '시'는 '포태한 여성'에 대한 사랑의 은유다. '母'의 노자적 명명을 면밀하게 이해해야 '시'의 궁극적 해석에 도달할 수 있는 이유이다. 통념적인 이해와 달리 최제우가 주석한 '시'는 우선 지구(우주) 안과 밖의 현상(내유신령 외유기화)을 동시적인 것으로 해석하는 것이 요구되는데, 즉 태초의 생명현상을 의식의 상승과 함께 물적 변화가 동시에 진화의 과정에 발생하는 것으로 직시해야 할 필요가 있다. 그럴 때 '내유신령 외유기화'는 '물질의 종합 상태가 증가하면서 그와 함께 의식이 팽창한다'라는 테야르 드 샤르댕의 통찰에 근접한다. 그러니까 지구 전체(혹은 우주)의 진화 과정에 인간의 생명 탄생과 생명 활동의 진화가 함께 하고 있으며, 그렇기 때문에 '일세지인 각지불이자야'를, "최초의 세포집합은 처음부터 서로 의존하는 형태로 연결되어 있"음을(97면) 깨닫고, 이 세상 사람들은 공경(=모심, 자애)의 마음으로 상호부조해야 한다로 해석 가능하다. 요약하면, 생명 활동의 본질에는 사랑으로 특징지어지는 모심이 있는데, 이는 의식의 팽창 과정과 함께 동시적으로 출현한 것이다. 샤르댕은 이를 "만일 아주 미약하나마 분자에게도 서로 하나가 되려는 욕구가 없었다면 높은 단계인 인간에게서 사랑이 나타나는 것은 물리적으로 불가능하다. 우리에게 사랑이 있다고 하려면 존재하는 모든 것에는 모두 사랑이 있다고 해야 한다. 우리 둘레에서 수렴하며 올라가는 의식들 어디에도 사랑은 빠지지 않는다. … 사랑의 힘으로 세상의 조각들이 모여 생명을 이룬다"('一世之人 各知不移者也')라고 부연한다.[33] 우리는 이제 최제우의 '시' 개념이 플라톤의 『티마이우스』와 또 쿠자누스가 과학철학으로 집적한 우주론에 대한 통찰과 유사한 범주 속에 있다는 단서를 발견한다. 문제는 그러므로 19세기 조선 상황에 대한 주석이다. 최시형이 그것을 직시했다. 그는 최제우의 '시' 개념을 "人이 胞胎의 時에 此時를 卽 侍字의 義로 解함이 可하랴. 落之以後에 처음으로 侍字의 義가 生할까, 又 大神師 布德降靈의 日에 侍字의 義가 生할까, 諸君은 此義를 연구해보라"[34]고 주석하고 있는데, '포태한 여성에 대한 지극한 공경'이 생활 차원에서 모심의 실천적 진리에 값한다. 그러니까 에로스의 모성적 차원이 인간 생명 활동의 본질적 문제와 맞닿아 있는 것이다. 언급한 『향연』에서 소크라테스는 연인 디오티마와의 대화 과정에서 에로스가 지혜와 무지 사이에 있으며 늘 지혜를 사랑하기 때문에 아름다운 것 안에서 낳기를 욕망하는 자로 규정한다.[35] 불멸의 사랑을 추구하는 플라톤의 에로스는 신성한 사랑을 생식을 매개로 해 마침내 '욕망의 환유'로 치환한다. 그러니까 사랑은 은유적 차원에서 완성되지 않는다. 그것의 실재는 욕망의 환유를 통해 현실과 만난다. 소크라테스가 그 화두를 매개한다. 사랑은 (자신이) '가지고 있지 않은 것을 (사랑하는 대상에게) 주는 것'이라는 라캉의 명제는 그러므로 에로스는 아름다움에 대한 사랑이기 때문에 근원적으로 자신이 결여하고 있는 것을 욕망할 수밖에 없다는 플라톤의 목소리와 대면하게 된다. 에로스의 욕망이 현실에 개입할 때 인간은 "자기 것이 되기를 사랑하"게 된다. 그것은 "몸에 있어서 그리고 영혼에 있어서 아름다운 것 안에서 생식"하고자 하는 욕망과 다른 것이 아니다. 플라톤에게 미('to kalon')란 그런 면에서 생식의 아름다움이다. 최시형의 '포태한 여성에 대한 지극한 공경'은 최제우가 해석한 원론적 차원의 '시'를 생활의 실제로 재구성함으로써 오히려 극적으로 '삶의 도약'을 촉발한다. 그것의 정치적 실천이 '후천개벽'이며 19세기 조선 역사에 가장 역동적인 혁명의 사건으로 기록된다. 둘째, 우리는 이런 연유로 노자의 '모' 개념에 대해 궁금해 하지 않을 수 없게 된다. 에로스의 기원은 근본적으로 결여와 그것에 대한 욕망이라는 점에서 노자의 언어에 크게 의지하고 있다. '텅 빈 충만'으로 요약되는 노자의 에로스학은 비움으로써 오히려 충만해지는 모순의 아포리아로 정의할 수 있다. "도는 텅 비어 있되 아무리 써도 궁함이 없다"(4장)와 "현빈은 아무리 써도 궁함이 없다"(6장)는 그러므로 대리 보충의 차연적 호응 관계로 리좀화된다.[36] 여기서 주목해야 할 것은 '현빈'이 '도'와 같은 위계에서 움직이고 있다는 것이며, '쓰다(用)'의 기능을 공약수로 거느린다는 점이다. 그러니까 도를 정의할 수 있다면 그것은 생명의 근원으로서의 여성성으로 대체할 수 있는데, 그 여성성은 에로스의 기능을 통해 자신의 고유한 특성을 부여받는다. 주지하듯이 에로스는 생명의 태어남과 진화의 모태다. 노자는 그것의 비움 상태가 욕망을 더 크게 한다는 것을 미시적으로 포착하고 다음과 같이 적시한다.

天下有始, 以爲天下母. 旣得其母, 復知其子, 旣知其子, 復守其母, 沒身不殆. 塞其兌, 閉其門, 終身不勤. 開其兌, 濟其事, 終身不救. 見小曰明, 守柔曰强, 用其光, 復歸其明, 無遺身殃, 是爲襲常.

생명의 근원으로서의 母 역시 도의 개념에 가깝다. 여성성으로서의 그것의 미덕은 열고 있을 때가 아니라 닫음을 수행할 때 배가된다(더 정확하게 말해 열림과 닫힘의 사이, 혹은 운동성으로서의 벡터적 에너지를 머금고 있을 때 도에 가깝다고 할 수 있다). 닫힘과 열림의 사이(見小) 혹은 틈, 곧 미명(微明)을 달리 습상(진리, 도, 생명)이라 한다.[37]

천지개벽으로 지칭되는 세계의 시작으로서의 열림을 '포태의 원리'에 비유하고 있는 노자의 세계관은 그 실천의 운동성을 최종 심급에서 '습상(襲常),' 즉 도(道)로 정의한다.[38] 생명 활동의 실제적 양태로서의 에로스는 여성성의 극대화를 통해 현실과 만나게 된다. 우리는 플라톤의 생식을 여기서 다시 환기할 필요가 있다. 생식은 일차적으로 자기애로부터 출발해 대상을 욕망하는 단계로 확대되는 과정에서 필연적으로 기능한다. 포태한 여성의 아름다움은 그러므로 생명 활동 최고의 덕성으로 평가할 수 있다. 최시형은 이 지점에서 노자와 정면으로 대면하게 되는 것이다. 세계를 설명하고 정의하기 위한 단하나의 개념을 '도'라 할 수 있다면, 그것을 같은 위계에서 매개하는 것은 '모'다. 포태한 여성을 특별히 강조한 바 있지만,

포괄적으로 그것은 여성성으로 함의되는 특징을 갖는다. 그 여성성은 세계의 온갖 아포리아를 모두 껴안고 수렴하는 미학적 원리, 가장 낮은 곳과 배후에서 생활의 질서를 획득해 가는 정치적 원리('下流'), 에너지의 원천으로서 에로스를 생산하는 생활 경제의 원리('玄牝'), '텅 빈 충만'으로 대변되는 코라적 원리(沖盈)로 집약된다. 여기서 눈여겨보아야 할 것은 노자의 화두가 불립문자나 혹은 추상적 세계 이해라는 편견과 달리 오히려 공자보다 더 생활 세계에 깊이 뿌리내린 구체적 일상의 언어일 수 있다는 점이다. 최시형의 노자 이해는 그러므로 최제우의 원론을 정확하게 역사적 현실에 접목한 역동적인 것이다. 그러니까 포태한 여성을 모심의 지위에 올려놓은 것은 그의 종교적 영성의 구체성을 확인하는 것으로서의 의미뿐만 아니라, 역사적 현실을 직시한 후에 가장 낮은 차원에서 실천 덕목으로 행하게 된 인간 구원의 혁명적 실천을 증거해 주는 대목이다. 노자의 에로스가 궁극적으로 지향하는 것이 생명 정치라는 것은 최시형의 기민한 정치 감각으로 평가된다.

불연기연

'侍'가 동학의 이념적 원리를 포괄하고 있는 개념어라면 '不然其然'은 그것의 각론적 차원에서 실천 덕목의 기능을 한다. 그것은 그렇기 때문에 사물과 세계를 이해하는 방법적 자각이자, 난망한 역사적 현실과 마주하는 실존적 각성이다. '불연기연'의 논리 구조는 이중부정, 혹은 이중 긍정이라고 불릴 수 있는 세계 이해 방법과 상동성을 띠고 있는 것처럼 보인다. '그러하면서 동시에 그렇지 아니하다'라는 모순 명제로 압축되는 이 개념어는 더 구체적으로 노자의 원리를 재현하고 있는 것처럼 보인다. 양극단, 혹은 개념적 대립쌍에 관한 사물과 세계 이해 방법을 비교적 근사하게 포착해 낸 베이트슨은 그것을 '이중 구속'으로 정의했다. 들뢰즈의 '생명' 개념에도 영향을 끼쳤던 그는 개체에 앞서 그것들 사이에 관계가 먼저 작동한다는 생각을 발전시켜 정신의학과 인간 개체의 행위에 집중적인 관심을 기울인 결과, 두 개의 상반된 메타 메시지(meta message) ― '일차 명령과 모순되고, 그 명령과 마찬가지로 생존을 위협하는 신호나 처벌에 의해 강요되는 이차 명령이 주어지는' ― 가 한 실존에게 주어졌을 때(상대방이 메시지의 두 수준을 표현하면서 하나가 다른 하나를 부정하는 상황) 그 인간은 분열한다는, 유명한 '베이트슨의 법칙'을[39] 과감하게 위반한다. 세계 이해와 해석에서 이중 구속은 생물학적 차원에서뿐만 아니라 인간의 정신세계, 나아가 사회제도를 포괄하는 위력을 발휘한다. 이를 위해서는 인용한 샤르댕의 전언을 의식적으로 공유하는 과정의 퍼포먼스가 요구된다. 약간의 난삽한 수사적 전개 과정에서도 짐작했을 테지만, 불연기연은 그러므로 논리적 수사의 모순을 실재에서 어떻게 극복할 수 있는가의 문제로 압축된다. 최제우는 어떤 기획을 통해 역사적 현실을 해체하고 재구성하고자 하였기에 이 개념을 착상한 것일까. 확실히 「포덕문」이나 「논학문」에서 드러나는 동학에 대한 원론적 이해와는 비약적인 차이를 내재하고 있다는 면에서 「불연기연」은 더욱 면밀한 접근이 요구된다. 체제 내에서 그가 체제를 초월하고자 한 의지는 현실의 모순을 정확하게 직시한 결과다. 그 직시는 주자로 대표되는 유교적 진리 체계를 조선의 체제 차원에서 수용하면서, 한편 그것을 뛰어넘는 세계로의 열망을 가져왔다. 그 열망은 양가적이었다. 미궁 뒤지기일 수 있지만, 그가 재가녀의 자식이라는 제도적 한계에 갇힌 지식인이었다는 점과, 초기의 지식 습득을 최옥으로부터 수혈 받았으며, 부친은 이황의 학문적 전통 속에 있었다는 점이 단서가 될 수 있다. 최제우를 승계한 최시형이 '후천개벽'을 일갈했지만, 그의 종교적 한계는 동학이 서학의 위협에 대한 체제 수호의 성격을 일부 내포하고 있다는 점, 그의 사후 전봉준이 전개한 민중 봉기의 급격한 확산을 불안하게 지켜보는[40] 최시형의 내면적 갈등에서도 결단의 어려움 앞에 주저하는 양가성을 읽을 수 있다. 동학은 그 외에도 불교나 미륵 신앙, 조선 고유의 풍류도, 서학에 대한 부분적 수용 등 여러 함수들이 뒤엉켜 하이브리드 한 속성을 띠고 있는데, 특별히 노자 수용은 불연기연의 핵심적 이해에도 수월한 방법적 지혜를 발휘하는 것처럼 보인다. 사실 '내 마음이 곧 네 마음이다'라는[41] 전일적 세계 인식은 불연기연을 설명하는 단초를 이룬다. 그것은 부정의 부정을 통하여 대 긍정으로 나아가고자 하는 동학의 실천 강령으로 수렴되기 때문이다. 불연기연은 남원 은적암에서의 도피 생활을 접고 경주로 돌아와 체포되기 한 달 전인 1863년 11월경에 지은 것으로, 자신의 운명까지를 포함하여 향후 전개될 조선 민중의 자주적 운명 개척에 대한 은유적 통찰을 담고 있다. 이에 대한 의미를 조금 더 구체적으로 파악하기 위해서는 전후 맥락상 두 번에 걸쳐 등장하는 수사적 경구를 살펴보아야 할 필요가 있다. ① '아 이와 같이 통찰함이여! 그런 이치로 보면 그렇고 그러하지만, 그렇지 않은 이치로 보면 그렇지 않고 또 그렇지 아니하다,' ② '이런 이유로 단정하기 어려운 것이 그렇지 아니함이며, 단정할 수 있는 것이 그러한 것이다. (그럼에도) 근원을 탐구해 견줘보면 그렇지 않고 그렇지 아니하며 또 그렇지 아니한 일이요, 만물을 만든 존재에 의지해 보면 그렇고 또 그러한 이치가 있다.'[42] 두 문장은 유사한 패턴과 구조를 띠고 있는 것처럼 보이지만, ①이 생명현상의 신비함을 태초로부터 구하고 그것에 견주어 현재의 나를 바로 볼 수 있기 위한 조건을 제시하는 것으로서의 수사적 성격이 크다면, ②는 현재의 위기를 어떻게 극복할 것인가에 대한 통찰의 탁월한 조건으로 이중부정의 방법을 적시하고 있다. 그런 점에서 전자와 후자는 계기적 선상에서 대리 보충의[43] 관계로 호응하고 있다고 할 수 있다. 노자의 맥락 속에서 설명이 가능하다.

道可道非常道, 名可名非常名. 無名天地之始, 有名萬物之母. 故常無慾以觀其妙, 常有慾以觀其徼. 此兩者同, 出而異名, 同謂之玄, 玄之又玄, 衆妙之門.

曲則全, 枉則直, 窪則盈, 敝則新, 少則得, 多則惑. 是以聖人, 抱一爲天下式. 不自見故明. 不自是故彰, 不自伐故有功, 不自矜故長. 夫惟不爭, 故天下莫能與之爭. 古之所謂曲則全者, 豈虛言哉, 誠全而歸之.

 위 원문은 노자 1장과 22장으로, 전자는 도를 정의하는 방법에 대하여, 후자는 각각의 지배소(dominant)를 인식하는 대립쌍들의 관계로 구성돼 있다. 대체로 도는 천지개벽의 즈음에, 그러니까 의식의 팽창과 물질의 종합적 증가로 나타난 다양한 생명의 생식과 진화 이후의 세계에 대한 현상을 적시한다. 여기서 주목되는 것은 언어 이후에 나타나게 된 개념화와 그 명명으로 생명현상의 실질을 왜곡하는 정치적 행위의 일단을 비판하면서, 그것을 극복하기 위해서는 이른바 이분법적(도/비도, 무명/유명, 무욕/유욕) 현실 인식을 넘어서는 '현묘'한 세계 이해가 필요하다는 주장이다. 말하자면 22장은 그 각각을 각론으로 설명하고 있는 것으로, 굽은 것과 곧은 것, 비움과 채움, 낡은 것과 새로운 것, 결핍과 잉여는 대립이 아니라 대리 보충의 관계로 인식하는 원근법적 지혜를 주문한다. 이를 위해서는 모순을 주체의 고유한 삶의 리듬으로 수용하는 방법적 의식의 확장이 요구된다. 그러니까 "道沖而用之或不盈. 淵兮, 似萬物之宗"(4장)의 아포리아를 자구 해석을 넘어서 이해하는 것은 쉬운 일이 아니다. 도에 대한 다양한 정의를 전개하고 있는 가운데, 비움과 잉여의 관계적 운동성이란 명제를 제시하고, 그 운동성은 어떤 깊이를 향하고 있는데, 만물의 생명 활동이 그와 같다고 하는 설명은 쉽게 일반화하기 어려운 것이다. '텅 빈 충만'의 미적 에피스테메는 그래서 정교하게 구성된 법의 현재적 폭력 앞에서 무력하다. 문제는 그러므로 그 무기력과 폭력의 경험을 통해 그 고통으로부터 그것을 초월하려는 의지와 관계한다. 노자의 춘추시대에 대한 통찰은 다가올 전쟁의(전국시대) 공포와 고통으로부터 인간됨을 지킬 수 있는 방법의 지혜를 공자와는 다른 언어로 기획했다는 점에서 특히 강조되어야 한다. 불연기연은 노자의 방법적 통찰을 은유적으로 구성한 동학의 현실 인식인 것이다. 그것은 가령, "大道廢, 有仁義, 智慧出. 有大僞, 六親不和, 有孝慈. 國家昏亂, 有忠臣"이라고[44] 언명한 노자의 의도와 유사한 맥락 속에 있는 것으로, 삶의 전환이 불가능한 시대에 대한 생존의 법이기도 하다. 그 생존의 예법은 나아가 미학적이다. 우리는 이를 위해 동학 「논학문」에 등장하는 "視之不見, 聽之不聞"의 지문을[45] 보완적으로 살펴보는 과정의 인내를 주문한다. 노자 14장을 인유할 수 있다.

> 視之不見, 名曰夷, 聽之不聞, 名曰希, 搏之不得, 名曰微. 此三者不可致詰, 故混而爲一. 其上不皦, 其下不昧, 繩繩兮不可名. 復歸於無物, 是爲無狀之狀, 無物之象, 是爲惚恍. 迎之不見其首, 隨之不見其後. 執古之道, 以御今之有, 能知古始, 是謂道紀.[46]

주석한다면 이 지문은 '이, 희, 미의 상태를 유물혼성의 도에 비유할 수 있다. 도의 다른 이름인 물이나 통나무, 혹은 신비한 여성으로 비유되는 현빈(玄牝)을 생각해 볼 수 있을 터인데, 이를 통해 도를 실천하는 실마리로 삼을 수 있다'로 옮길 수 있다. 우리는 여기서 도의 본원적 실체의 한 켠을 엿보게 된다. 도를 어떤 것으로 규명하거나 규정하려는 조급한 시도는 실패하게 되어 있다. 그것은 보려고 해도 보이지 않고, 듣고자 해도 들리지 않으며, 실체를 잡아 보려고 해도 잡히지 않기 때문이다. 이 유물혼성의 상태를 도대체 어떻게 이해할 수 있을까. 여기서 대부분의 실존은 분열한다. 그 이유는 단순해서, 보려고 노력하나 보이지 않는 것은 보는 자의 눈이 아직 보려는 표적의 조건에 도달하지 못했거나, 내면의 눈을 가지지 못했기 때문이다. 마음의 눈으로 보고자 하는 노력은 어려운 자기 수양을 필요로 한다. 다른 하나는 도를 어느 한 관점으로 보려는 편견의 눈을 경계해야 한다는 점이다. 도는 흐르는 물과 같아서 딱딱한 이념이나 관념적 지식의 눈으로는 의미에 도달하기 어렵다. 궁극적으로 한 실존의 더 나은 삶을 위한 심미적 충동은 내면의 "동요를(vacillating) 어떤 생명의 리듬 속에서 수용하는 과정과 함께, 모호하고(vague) 희미하게(dim) 우리의 내면 깊은 곳에 뒤섞여 있는 상태로서의 원초적 본성(primordial nature)을"[47] 일깨우는 일과 관계하기 때문이다. 그렇다면 다시 유물혼성이란 무엇인가. 노자는 그것을 '고요하고 텅 빈 어떤 것이 혼돈 속에서 생성된'[48] 무엇이라고 미화하고 있는데, 그 무엇을 바로 도의 본래 모습으로서의 자연이라고 정의할 수 있다. 자연이란 '도가 스스로 그러함을 형용하는' 상태로서의 의미와 '만물이 스스로 그러함을' 의미하는 속성을 동시에 거느리면서, 또한 차이의 운동성을 내포하고 있다. 그러니까 '도법자연'이라고 할 때 그것은 만물의 관계적 자연이면서 동시에 혼돈 속에 생성된 생명의 진화를 차이의 과정으로 인식하는 차원의 질적 변화를 포괄한다. 차이의 역동적 관계로 읽을 수 있을 때 노자의 도는 우리에게 보이지 않았던 현실의 미시적 덕목들 사이의 틈을 현시한다. 그런 의미에서 '시지불견(視之不見)'은 보려고 해도 보이지 않았던 것의 정체를 인식하게 하는 '이,' '희,' '미,' 즉 세 개의 개념어들 사이에서 운동하는 무엇이다. 동학의 주요 실천 강령을 수렴하는 미학적 지배소로서의 '불연기연'은 동학의 '시'가 원리로 제시하는 사랑을 실재하는 현실의 모순에 적용하는 실천 논리이다. 우리는 동학의 무한한 인간 존중과 그것이 현실과 대립 갈등할 때 보여 줄 수 있는 혁명의 역동성을 불연기연의 전혀 새로운 미학적 논리에서 발견한다. '무위이화'는 그것을 더 미시적 차원에서 체화하고 있다.

무위이화

전봉준의 농민 봉기는 그 숭고한 의도를 외면한 채 19세기 동아시아 질서를 일본 군국주의의 야만적 패권화로 나아가는 데 결정적 기회로 결과한다. 외세 배격이라는 의도와 달리 외세 개입과 전쟁에 의한 지역 질서의 인위적 변화는 민중의 더 큰 고통으로 이어져 6·25와 분단 체제의 뼈아픈 유산을 남긴 채 현재에 이르고 있다. 그런 점에서 동학의 정치적 비전과 현실 대응은 위험하거나 빈약했다고 비판될 수 있다. 그러나 과연 그런가. 우리는 동학의 미적 숭고함과 정치적 현실감각이 당시 조선 권력 담당층보다 더 지혜롭고 비범한 것이었으며, 다른 주변국의 정치 이데올로기보다 정의로운 것이었다고 판단한다. 문제는 그러므로 팽창하는 서구적 패권주의에 동승한 일본의 야만적 군국주의를 어떻게 규정할 것인가와, 당시 조선과 청의 국제 질서에 대한 낮은 감각의 위계에 대한 평가다. 동학의 시대 이해 감각의 수월성이 조선 정부의 무능에 제압당한 결과는 전봉준의 봉기가 외세에 제압당한 현실과 정확하게 일치한다. 그러나 그 결과 우리 역사는 농민 주체의 독립적 자주정신과 그를 바탕으로 한 민주주의 실현 과정을 동학혁명을 통해 소중한 미래 자산으로 내면화하는 체험을 간취하게 된다(가령, '3·1운동' '4·19혁명' '5·18항쟁' '2017 촛불'). 그것은 일본과 중국의 근대사에서는 불가능한 사건이었다는 점에서 민주주의의 진화 과정과 관련하여 특별히 강조할 가치가 있다. 그러니까 동학의 민중 봉기는 실패한 것이 아니라 현재 진행 중인 미래적 자산으로 무한 잠재성을 잉태하고 있다. 동학의 무엇이 그런 역동적 에너지를 지속적으로 가능하게 한 요인이 되었을까.

무위이화는 불연기연의 방법적 자각을 19세기 조선 현실에 전개하는 데 작동한 가장 높은 단계의 정치적 실천 강령이다. 그 정치는 인위로 압축되는 기존 체계에 대한 근본적 회의와 의문으로부터 출발한다. 노자의 미적 에피스테메와 행위 모델이 바로 그것이다. 최제우는 「포덕문」에서 "盖自上古以來 春秋迭代 四時盛衰 不遷不易 是亦 天主造化之亦 昭然于天下也. 愚夫愚民 未知雨露之澤 知其無爲而化矣"라고[49] 운을 떼면서 하늘의 이치에 반해 그것의 근본을 헤아리지 못하는 현실의 위기, 그러니까 '서학'으로 통칭되는 외세의 무력적 침략에 대한 불안과 두려움을 언급한다. 그 불안은 도탄에 빠진 민중의 고통에 대한 직시를 포함하는 것이다. 무위이화는 그러므로 그들의 체제와 싸움의 룰을 바꾸는 인식의 대전환을 요구한다. 그는 「논학문」에서 다시 "曰吾道 無爲而化矣"라고 주장하며, 나아가 "造化者 無爲而化也"라고[50] 강조하고 있기 때문이다. 각론적 차원에서 무위이화는 현실에 대응하는 정치적 감각과 관계한다. 최제우가 '천주'와의 문답 형식을 빌려 주장하는 '나(동학)의 도는 무위로 행함으로써 궁극적 목적을 이루는 것이다'라고 할 때 그 무위는 인위, 나아가 더 구체적 범주에서 '서학'에 대응하는 의미에서의 '동학'과의 차이를 말하는 것이다. 그 차이를 더 세밀한 차원에서 설명하는 것이 '주문(呪文)'이다. 주문이란 천주를 지극히 위하고 모신다는 것이므로, 확대하면 무위의 실천을 통해 뜻하는 바를 스스로 이룬다는 의미를 내포하고 있다. 그것은 천주를 모신다는 것이 궁극적으로는 자기 자신에 대한 지극한 사랑이며(인내천), 스스로 세계와의 싸움을 통해 목적하는 바를 이룬다는 것이기 때문이다. 그 싸움은 무엇보다 평화적이고 관계적이며 함께 나아가고자 하는 연대의 싸움이다. 그러니까 무위이화는 자기 혁명을 향한 전무후무한 생명운동의 모험이자, 사회와 공동체의 조화로운 지속을 위한 생활 운동의 성격을 내포하고 있다. 최제우의 무위 개념은 여기서 두 가지 의미로 분화한다. 하나는 무위가 동학의 이념을 수용하면 저절로 세상만사가 나의 뜻대로 이루어진다는 (동학에 종속성을 지닌) 자연 개념이며, 다른 하나는 주문 전체의 맥락 속에서 드러나는 조화의 그것이다. '본주문'에서의 무위는 조화와 같은 맥락을 띤다. 그런데 여기서 조화는 시천주와의 연동 개념이므로 '천주를 지극히 모시면 조화를 얻을 수 있다,' 즉 목적하는 바를 이룰 수 있다는 해석이 가능하다. 미묘한 차이에도 불구하고 최제우의 무위 개념은 종교로서의 동학에 대한 믿음과 수행에 관련된 것처럼 보인다. 그렇더라도 우리는 여기서 동학의 미학적 자질이 생명의 대 긍정을 향한 운동성과 주체적 자기 '되기'와 관계하고 있다는 점을 주목하지 않을 수 없다. '시'의 해석에서 우리는 이미 무엇을 모신다는 것이 자기애로부터 타자의 사랑으로 나아가는 생명 활동과 관계하며, 그것의 미적 방법론이 '불연기연'임을 확인했다. 그렇다면 무위이화는 불연기연의 방법적 자각을 생활 세계에서 실천하는 운동으로서의 정치 행위이다. 무위에 대한 이해에서 더 나아갔다고 하기는 어렵지만 최시형의 설명이 최제우의 이해에 대한 간극을 보완할 수도 있다. 우선 주문에 대한 설명 부분, "大神師之呪文十三字, 是發明天地萬物化生之根本者也. 守心正氣四字, 是補天地隕絶之氣者也. 無爲而化者, 人與萬物順道順理之法諦也"라고[51] 한 지문은 최제우의 뜻을 거의 확대 반복하는 것으로 보이며, 다른 하나는 "造化, 玄妙無爲"라고[52] 역설하고 있는데, 우리는 특히 후자를 면밀히 관찰해 볼 필요가 있다. '조화'를 '무위이화'라고 주장했던 최제우와 달리 최시형은 '현묘'라는 노자의 주요한 미적 개념어를 추가하고 있다. 이는 그가 최제우보다 더 능동적으로 세계를 이해하고자 하는 열망과 함께, 생활 세계에 대한 구체성과 유연한 감각을 지니고 있었기 때문에 가능한 것이다. 노자에게 '현묘'는 도와 같은 위계의 개념어이다. 그것은 나아가 생명의 원천으로서의 에로스, 모심의 궁극적 실제인 포태한 여성(혹은 '현빈'으로 통칭되는 여성성), 도가 완전히 땅에 떨어진 후에야 발아하는 仁(인)과 義(의)의 인간관계를 포괄하는, 말하자면 무위의 덕성을 실현하는 에너지로 표상된다. 집약하면 무위는 사실 노자 미학의 핵심 개념어이다. 그는 3장에서 "爲無爲 則無不治"라고[53] 직언한다. '무위로 정치에 임하면 최상의 결과를 얻을 수 있다'는 노자의 생각 바탕에는 인위의 정치가 보여 준 폭력과 야만, 죽임과 반생명, 반인본주의 현실의 강한 부정이 내포돼 있다. 최상의 정치가 무위의 정치가 되어야 하는 이유인 것이다. 무위란 무엇인가. 그 대상은 일차로 인위로 통칭되는 춘추전국시대의 일상화된 죽임과 반생명 사회이지만, 더 근원적으로는 흔히 '虛(허)'나 '空(공)'으로 불리는, 인위의 안티테제로서의 새로운 정치적 에피스테메와 관계한다. 그 테제는 비움과 욕망의 이중 구속을 상황 논리로 거느린다. 그러니까 칸트의 '판단력비판'('무목적의 합목적성')을 상기해 볼 수 있다. 가령 노자 11장에서 강조하는 것은 바퀴의 빈 통이 마차의 기능을 원활하게 수행하는 것에 대한 패러독스이다. 그가 '도법자연'이라고 정의하면서 그 실천 덕목을 무위라고 반복 역설할 때, 도 > 덕 > 자연 > 무위는 수직적 위계에 의한 선조적 관계로 작동하는 것이 아니라, 리좀의 모형이라고 들뢰즈가 말한 '뿌리줄기'의 수평적 관계 속에서 차연의 관계로 호응하는 개념이다. 그 인식의 작동이 도법자연을 무위자연으로 대체할 수 있는 계기를 마련한다. 노자의 미적 에피스테메는 그런 면에서 '창조적 진화'라는 모순 명제적 자질을 내재하고 있다. 노자에게 정치적 행위로서의 무위는 원초적으로 무지의 자각으로부터 출발한다. 그것은 인간의 자기반성과 성찰의 능력을 최고의 미덕으로 함양하는 것과 관계한다. 자기 성찰로부터 사랑이 발아하기 때문이다. '시'의 해석 과정에서 우리는 모심이 사랑의 다른 표현이라는 것을 역설한 바 있다. 나아가 그 사랑은 자기반성을 통해 획득한 외적 자질임을 피력했다. 무위는 그 메커니즘을 실제 세계에서 구현하는 정치적 원리이다. 그 정치적 원리가 실제 현실과 만났을 때 우리는 "최상의 정치는 정치가 없는 듯한 정치다. 좋은 정치는 겨우 국민이 칭찬하는 정치다. 최악의 정치는 공포를 조성하는 정치, 조롱을 당하는 정치다. 정치에 나아가 신뢰가 무너지면 짐승의 정치로 전락한다. 최상의 정치를 하고자 하는 정치가는 그러므로 먼저 말의 신뢰를 쌓아야 하고, (이를 바탕으로) 무위의 정치를 실현해야 한다"라는[54] 노자의 목소리와 만나게 된다. 사실 『도덕경』을 지배하는 단 하나의 주제어는 단연 정치다. 그런 면에서 그의 정치는 무위의 정치, 신뢰의 정치다. 노자에게 신뢰란 언어의 미적 차원, 다시 말해 시적 은유로서의 수사적 고양의 체험을 의미한다. 우리는 라캉이 '무의식은 언어처럼 구조 지어져 있다'라는 명제를 제시했을 때, 그 언어는 에로스로서의 욕망의 언어이자 은유의 언어라는 것을 유추하게 된다. 말하자면 노자의 무위로서의 정치는 그런 은유의 언어적 욕망을 현실에 투사한 미적 형식인 것이다. 동학의 언어가 또한 그러하다. 최제우가 동학의 도를 무위이화라고 하면서 그것이 '조화'와 관계하고 있다고 설파할 때, 최시형이 그 조화를 다시 '현묘무위'라고 주석할 때, 그 최종 심급이 향하는 것은 노자의 정치적 무위와 같은 위계의 것이라고 말할 수 있다.

생활 민주주의에 대한 민중의 전무후무한 각성이라는 점에서 동학은 동아시아의 유일무이한 미적 사건으로 평가된다. 그 사건의 요체는 무위이화로 특징지어지는 일상의 미시적 투시와 생명에 대한 경외의 경험으로 요약된다. 오늘의 삶에서 우리는 그것을 달리 '시장의 성화'라고 명명할 수 있다. 나날의 삶이 가장 역동적으로 전개되는 곳은 시장이며, 그런 면에서 시장은 일상을 통해 질긴 생명력을 무위로 체현하는 생태적 공간이다. 특별히 한 소설을 통하여 우리는 식민지의 가장 나쁜 유산으로 결과한 6·25의 미시적 일상을 생생하게 목도할 수 있다. 그것은 다른 차원에서 '시장의 성화'(무위)라고 부를 수 있는 미적 체험의 기억과 관계한다.

『취우』의 경우

『취우』는 6·25 발발 후 약 3개월여 동안 서울의 일상을 쇄말적으로 묘사하고 있는 뛰어난 소설이다. 작가의 탁월성은 전쟁을 묘파하는 성숙한 시선으로부터 기인한다. 막상 전쟁이 터지자 북진 통일을 호언하던 이승만은 대전까지 한걸음에 야반도주한 후(이 땅 권력자의 전형으로 자리매김한 선조의 그것과 같은 패턴) 무자비하게 한강다리 폭파를 지시하고, 군대는 연전연패하며, 호시탐탐 기회를 엿보다 순식간에 부활한 친일 세력을 비롯한 유사 관료와 토착 지주들은 도망가기 바쁜 와중에, 그 도주에서 밀려나 다시 서울로 복귀한 한미무역 사장 '김학수,' 비서 '강순제'와 '신형식' 일당이 보여 주는 전시하 서울의 일상은 우리의 상상을 간단하게 배반한다. 댄스홀은 여전히 붐비고, 달러는 넘쳐나며, 지하 시장은 질긴 생명처럼 이어진다. 참혹한 전쟁 중에도 삶은 지속된다는 응시를 통해 작가는 오히려 그 전쟁이 '표풍(飄風)'이나 '취우(驟雨)'에 지나지 않을지도 모른다는 아이러니한 의문을 던진다. 작가의 의도와 상관없이 우리가 여기서 직시하게 되는 것은 바로 일상의 질긴 생명력이다. 그러니까 병영국가주의에 종속된 인민이 겪고 느끼고 상상하는 삶의 허구성과 달리, 어떤 상황에서도 생명은 질기고 강인하게 이어진다는 진리를 『취우』는 핍진하게 묘파한다. 아마도 우리는 이를 '시장의 성화'라고 불러도 좋을 것이다. 관찰이 필요한 것은 이 시장의 성화가 가능한 생명현상을 어떻게 내면화할 수 있는가이다. 거칠게 말해 우리는 그것이 포스트 근대의 일상을 주체적으로 구성하는 '무위의 덕성'이 아닐까를 유추해 볼 수 있다. 노자는 "자연은 무위로 만물을 살린다"라고[55] 은유했다. 그때의 자연은 일상의 진화된 의미를 내포하고 있다. 그러니까 우리 삶의 구체를 더 나은 삶의 방향으로 이끄는 힘은 무위의 덕성을 통해서이다. 1952년 7월부터 53년 2월까지 『조선일보』에 연재된 『취우』는[56] 6·25 발발부터 9·28 서울 수복까지의 극한적 전쟁 상황에서 전개되는 놀라운 일상으로의 복귀를 미시적으로 관찰하면서, 해방 후 겨우 5년이 지난 사이 전혀 예측 불가능한 상태로 변해 버린 서울의 일상 목록들을 카메라처럼 촬영해 낸다. 그 카메라에 포착된 특별히 흥미로운 목록 중 하나는 달러로 상징되는 근대적 의미의 '자본'과, 해방 5년 후 독립국가의 이름으로 감행한 전혀 경험해 보지 못한 '병영국가주의' 형태의 부조리한 정치 왜곡 현상의 만연이다. 느슨한 분단 체제 5년 동안 전쟁을 준비한 김일성의 북한과 북진 통일을 호언하던 이승만의 남한은 다 같이 반생명의 정치, 반통일의 정치, 반민주주의 정치를 통해 인민을 극단적으로 기만하고 억압했다. 염상섭이 남한에서의 미시적 관찰을 통해 주목한 것은 바로 이 반생명, 반통일, 반민주주의가 만연한 일상에 대한 현시이다. 소설 속에서 각각의 인물들은 식민지와는 다른 형태로 일상에 스며든 자본의 왜곡과 자기 착취 과정을 병영국가주의 메커니즘 속에서 수행한다. 부패와 부조리가 만연한 그 현실은 전쟁까지도 자본의 힘 앞에서 속수무책이 되는 괴력의 일단을 엿볼 수 있게 한다. 우리는 '강순제'라는 신여성을 통하여 생명의 가치가 완전히 말소된 시대를 슬기롭게 헤쳐 나가는 지혜의 일단을 목격한다. 해방 전후와 전쟁 시대를 통과하는 강순제의 현실 대응력은 가장 질기고 강인한 생명 자체이다. 그녀의 그런 자질은 전쟁을 배경으로 전개되는 풍속의 와해와 생활 질서의 왜곡을 능동적으로 수용한 결과다. 그 수용은 이중 구속적이다. 분열적 내면을 다스리는 미적 자질의 갱신이 함께했다. 그러니까 북한군 점령하의 서울이라는 극한의 조건을 가장 차원 높게 수용하는 인물이 강순제인 것이다. 그녀의 생물학적 여성성은 그녀의 내면적 분열을 수용하는 과정에서 훨씬 유연한 인간적 성취에 이른다. 우리는 그것을 '玄妙無爲(현묘무위)'의 현실 해석으로 수용할 수도 있다. 『취우』는 염상섭 소설에서뿐만 아니라 한국 근대소설사에서도 보기 드문, 여성이 주체적 인물로 등장하는 주목할 만한 시선의 산물이다. 그 여성은 한미무역 김학수의 애첩이자, 공산주의자 장진의 아내였으며, 현재는 청년 신영식의 애인이 되기도 하는 영역에 있다. 뿐만 아니라 그녀는 한 집안의 가장 역할도 수행하며, 대외적으로는 영어를 무기로 세계와 가장 유연하게 열려 있는 지식인이기도 하다. 강순제의 이런 자질은 단연 이 소설의 생명력을 극대화하는 요인으로 기능한다. 이 소설이 염상섭의 다른 어떤 작품보다 가독성을 높이는 요인은 강순제의 이 관계의 생명력으로부터 기인한다. 그 관계의 본질은 이중 구속적이다. 이중 구속은 동학을 구체적 현실로 이끄는 '불연기연'의 방법적 자각과 같은 위계에 있는 개념어다. 적과 동지, 삶과 죽음, 자유와 억압, 밤과 낮, 남성과 여성을 대립적 관념으로 이해하는 것이 지배적이었던 주류적 풍속을 간단히 배반하고 나아가 도약하는 일상을 응시한 강순제에 대한 평가는, 여전히 창녀로 표상되는 속물적 전형으로서의 멸시적 대상화와, 그 폄훼가 허위의식이라는 것을 각성한 소수의 내재적 초월론자로 대립한다. 그러나 더 미시적으로 관찰해 보면 지리멸렬한 일상에서 삶의 지속과 약동을 어떤 잠재태로 내재하고 있는 인물은 강순제가 유일하다. 그런 면에서 그녀의 여성성은 생명의 지속에 대한 주요한 동기를 부여받고 있다. 그것 때문에 이 소설의 모든 인물들은 강순제를 축으로 회전한다. 그녀의 여성성이 전쟁이라는 극단적 상황에서 삶을 대 긍정으로 이끄는 미덕을 발휘한다. 우리는 여성성의 미적 진경을 노자의 개념 속에서 관찰했었다. 상기해 보면 '현빈'은 전쟁 기간 동안 강순제의 삶을 작동하게 하는 에너지, 코나투스가 된다. 그 에너지는 자기애로부터 출발하지만, 타자의 생명을 살리는 방향으로의 승화로 완성된다. 그녀는 전쟁의 후위에서 전쟁 수행의 강렬성을 모두 받아내면서 그 전쟁의 무용성을 환유적으로 재정의한다. 그런 면에서 그녀는 다른 한편으로 정치적 평화주의자이다. 그녀의 무위적 덕성은 전쟁이 단순히 공포와 죽음의 공간과 시간이 아니라 어떤 이유를 불문하고 살아내야 하는 일상의 지속이라는 점에서 시장의 성화와 다른 것이 아니다. 『취우』는 전쟁 시대에 드물게 전쟁의 후위를 트리비얼하게 포착함으로써, 삶의 지속을 이끄는 힘이 강순제의 여성성으로부터 기인한다는 것을 무위의 덕성을 통해 묘파하고 있다. 그렇기 때문에 그 미적 자질은 포스트 근대의 일상에서도 새로운 정치적 좌표로 이행할 수 있다.

아리랑과 무위

무위, 혹은 아리랑

아리랑은 2010년 UNESCO 문화유산으로 등록됨으로써 한국의 무형 문화를 대표하는 코드로 자리매김 되었다. 이에 대한 연구도 기원, 원형, 서사적 특징, 분포, 역사성 등 다채롭게 집적되어 왔다. 그러나 아이러니하게도 아리랑의 실체를 아는 데 기본이라 할 기원과 작자, 의미는 여전히 미궁 속에 있다. 연구의 동어반복이 지속되는 가운데, 어처구니없게도 이 노래의 상업성에 기댄 이벤트는 날로 번창하고 있다. 하나의 질문이 가능하다. 대체 아리랑의 무엇이 한국인의 심성과 정합성을 이루며, 이 노래의 무엇이 여전히 우리를 열광하게 하는 것일까. 면밀히 검토해 볼 때 공유할 만한 사실은 아리랑이 지닌 장르의 복합성과 다양성이다. 이 노래의 가장 중요한 생명력은 어떤 장르, 어떤 내용, 어떤 리듬과도 호응하고 결합함으로써 지속적 생명력을 드러내는 자질을 내재하고 있다는 점에서 찾을 수 있다. 다시 말해 아리랑은 그 자체 독립적으로 존재하는 양식이 아니라 다른 장르들과의 관계 속에서 자기 지위를 엉거주춤하게 할당 받거나 겨우 유지함으로써 질긴 생명력을 이어가는 노래이다. 그 생명력은 심지어 자신의 고유한 특성까지도 내주면서 변신을 주도하는 자기 변화의 원리를 실천하는 데서 절정에 이른다. 아리랑은 자신의 고유성이 무엇인지 그 정체를 잘 알 수 없는 노래이다. 나는 아리랑의 이런 특질을 '현묘무위(玄妙無爲)'로 규정한다.

'무위(無爲)'를 최초로 소환한 문헌은 『도덕경(道德經)』이다. 노자는 이 텍스트 81개의 토픽 여러 곳에서 이와 관련한 의미를 화두처럼 던지고 있는데. 거기서 그것은 아포리아적 특징을 띠고 있다. 포스트 근대의 생존 조건과 관련하여 아포리아는 약자, 소수자, 여성, 거의 반식민 상태에 놓여 있는 제3국가 인민 등으로 특징되는 이들의 삶의 지속을 위한 정의의 문제와 긴밀하게 관계한다. 엄밀하게 말해, 정의는 ('공정'이 아니라) 아포리아의 경험 없이는 존재하지 않는다. 정의는 그런 점에서 현실의 법을 넘어서는 영역, "결정 불가능한 유령의 상태"에 버금한다. 문제는 "결정 불가능한 것의 시험은 결코 통과되거나 극복"되지 않는다는 점이다. 그렇기 때문에 결정 불가능한 것은 어떤 유령, "본질적인 유령으로서 모든 결정, 모든 결정의 사건에 포함되어 있고 깃들여 있"으며, 그 "유령성은 결정의 정당성, 결정의 사건 자체를 우리에게 보증하는 모든 확실성, 모든 현전의 안전성, 또는 모든 공언된 척도 체계를 내부로부터 해체"하려는[57] 특징을 지닌다. 이때 무위는 한 실존의 아포리아적 경험에 대한 내면적 기제로 작동한다. 무위는 궁극적으로 '도법자연'과 대등한 뜻으로 쓰여 우리가 흔히 노자를 특정하는 개념어인 '도'와 같은 위계의 지위를 가지기도 한다. 노자에게 도는 그 자체로 독립된 의미를 부여받는 것이 아니라, 다른 개념어들, 무위, 통나무(樸), 적자(赤子), 현묘, 덕, 허(虛) 등과 관계를 통해서만 가치를 매기게 되는 관계 개념어다. 상호 의존적이라는 점에서 노자의 정치는 생태적으로 상호부조의 가치 위에 서 있다. 이런 이유로 나는 『도덕경』 전체를 통어하는 지배소를 '에로스'라고 판단한 바 있다.[58] 그 에로스는 조금 더 나아가 '에로스로 구성하는 정치'로 진화 가능하다. 그것의 한 예증이 중간 결론으로 도달한 '소국과민'이다. 이 정치체를 향한 현실의 접점에 있는 핵심 매개어가 '무위'이다. 노자에게 무위는 거의 도와 같은 위계의 개념어다. 말하자면 '도법자연'은 '무위자연'의 다른 이름이다. 그렇다면 무위란 무엇인가. '도법자연'으로 수렴되는 자연의 본래 모습으로서의 도를 규정하는 특징을 노자는 '유물혼성'과 '적혜요혜'라고[59] 명명한 바 있다. 그 자연의 본래 모습의 다른 이름이 또한 무위이다. 그러니까 도법자연은 무위자연의 다른 이름이 된다. 무위는 노자 정치학의 정점에 위치한 개념이다.

> 不尙賢, 使民不爭. 不貴難得之貨, 使民不爲盜. 不見可欲, 使心不亂. 是以聖人之治, 虛其心 實其腹, 弱其志, 强其骨. 常使民無知無慾, 使夫知者不敢爲也. 爲無爲則無不治.[60]

공동체의 붕괴 이후에 나타나는 특징을 잘 묘사하고 있는 지문에서 특별히 우리가 주목하게 되는 것은 도와 덕이 완전히 땅에 떨어진 후에야 말의 본원적 의미에서 진정한 무위의 가치를 발견할 수 있다는 점이다. 그 무위는 원칙적으로 무지(사악하지 않음), 무욕(함부로 탐하지 않음)과 '대리 보충'의[61] 관계로 활동한다. 그러니까 도가 그랬던 것처럼 무위 역시 독자적으로 움직이는 개념이 아니라, 도, 덕, 인, 의와 중층적으로 관계하여 자신의 지위를 획득할 수 있다. 무위의 궁극적 목표는 '무위무불치'로 함의되는 좋은 정치를 향한 잠재적 에너지로서의 역할이다. 도법자연과 무위자연이 표상하는 정치의 최종 심급에 소국과민이 있다. 포스트 근대의 정치적 위계에서 소국과민은 디지털 혁명으로 진행 과정에 있는 새로운 형태의 코뮌, 나아가 직접민주제의 작동을 가능하게 할 '마을 공화국'의 비전으로 요약된다.

노자에게 여전히 어떤 추상의 일부로 남아 있던 무위는 최제우와 최시형을 거치면서 노자를 이월하여 한국화 하게 된다. 우리는 최제우를 통하여 동학 농민 혁명을 추동하게 한 에너지가 무엇인지를 사유하게 되는데, 무위가 바로 그 중심에 있다. 19세기 중엽에 이미 해체 단계에 이른 조선 상황을 정확하게 직시한 인물 중 하나로 최제우를 지목할 수 있다. 후천개벽으로 요약되는, 그가 동학을 통해 실천한 조선 해체 운동의 이념적 정향이 되었던 것은 "侍天主 造化定 永世不忘 万事知"로 요약되는 13자 주문이다. 그런데 최제우는 특별히 '侍'를 강조하여 "侍者 內有神靈 外有氣化 一世之人 各知不移者也"[62]라고 주석함으로써 높은 미적 정치성을 드러낸다. 우리는 여기서 동학을 단순히 종교적 행위를 넘어서는 시대의 언어로 대면해야 할 필요에 직면하게 된다. '侍' 주석에 스며 있는 높은 미적 자질은 19세기 조선의 인본주의를 과학적으로 예증해 주는 덕목이다. 생활 차원에서 '시'는 '포태한 여성'에 대한 사랑의 은유로 정의된다.[63] 그러니까 최제우-최시형의 주문을 둘러싼 몇 언술들에서 주목되는 것은 모심(侍)을 실천하는 방법으로서의 무위에 대한 강조라고 할 수 있다. 천주를 모시고 조화를 정하면 이후의 삶을 온전히 보전할 수 있다는 믿음의 바탕을 이루는 것은 사랑으로 통칭되는 에로스적 관계이다. 그 관계는 "안으로 의식의 증대가 있고, 밖으로는 복잡화의 증가가 있으니, (이를 바탕으로) 세상의 뭇 생명들은 서로 관계의 역동성을(/상호부조를) 구현해나"갈 때 (뜻이) 성취된다. '천지만물을 창조하고 기르는 대자연의 이치'를 순리대로 실현하는 것이란, 그러므로 무위의 덕성을 함양하는 것에 다름 아니다. 최제우는 그 이치를 19세기 조선의 생활 차원에서 실천하는 방략을 정확하게 "曰吾道 無爲而化矣"라고 전제한 뒤, 주문 속에서 다시 "造化者 無爲而化也"라고 강조함으로써 무위가 '侍'를 실천하는 방법이자 에너지가 됨을 적시한다. 무위가 세계와 만나는 방식은 한 실존의 지극한 자기애(인내천)로부터 출발해, 이웃과 공동체의 안위와 보존을 위한 연대 의식의 고양이다. 그 고양된 의식은 평화적이며 관계적이고 궁극적으로 함께 공존하고자 하는 조화로운 생명의 지속에 대한 그것이다. 최시형은 이런 무위의 전체적 함의를 '玄妙(현묘)'한 것이라고 직관했다. 그러니까 그가 말하는 '造化 玄妙無爲'란 무위의 노자적 자질을 정확하게 조선화한 것이라고 판단된다.[64] 거칠게 말해, 지금까지 전개한 현묘무위란 '한 인간, 혹은 집단이 내재하고 있는 역사적이며 문화적인 힘의 잠재태를 지칭'한다. '코나투스'에 비유될 그 에너지는 일상의 다양한 경로로 축적되었다가 어떤 위기와 축제의 장에 불현듯 분출되는 현묘한 특성을 지니고 있다. 우리는 이에 대한 현대적 함의를 '기관 없는 신체'에서[65] 유사 개념으로 끌어올 수 있다. 아르토의 잔혹극을 통해 기술하고 있는 이 개념이 궁극적으로 지향하는 것은 '활동하는 무'로 특징되는 실존 혁명의 모멘텀이 될 에너지의 잠재성과 그 강도이다. 무위의 에너지가 동학혁명을 추동한 실체였다. 그리고 그 에너지의 내면화는 3·1혁명으로(3.1혁명을 주도한 주체는 동학 집단) 이어지는 한국 근·현대 인민의 정신사적 토대가 된다.

아리랑은 아직 그 잠재성이 정확하게 규명되지 않은 한국의 대중 민요다. 우리는 이 노래가 내포한 노래 이상의 장르 개방성과 리듬의 그것을 무위의 역사성과 문화적 심연에서, 나아가 실존의 일상에서 관찰할 수 있다.

아리랑의 역사

2019년 3·1혁명 100주년을 기념하여 특집으로 기획한 주제는 '아리랑 로드'였다. 3부작으로 제작된 프로그램은 1부 "유랑의 노래," 2부 "전쟁과 평화," 3부 "아리랑, 꽃피다"의[66] 제하에 1860년대 이후 국가 해체가 급속도로 진행되는 시기를 전후로 일제강점기에 대규모 유랑의 길을 떠나 연해주, 알마티, 중국 도처, 멕시코, 하와이 등으로 흩어져 지옥 같은 삶을 견뎌 내고 지금까지 이어져 온 혈연들을 추적하는 과정에서 그들에게 여전히 지속적으로 불리고 있는 아리랑의 자료들을 극적으로 발굴·소개한다. 여기서 아리랑은 기원을 넘어 조선 말기의 폭정과 기근, 마침내 일제 강점으로 해체된 국가를 등에 업고 유랑을 떠난 민족인의 수난과 긴밀하게 호흡하고 있다. 현 단계 그 의미는 아리랑의 기원과 의미를 넘어서 나아갈 수 있다. 지금까지 행해진 아리랑의 기원에 관한 모든 열망은 유예되거나 심지어 분쇄되었다. 양주동의 지명에 집착한 유사 고어 해석이[67] 그랬고, 아리랑 어의나 기원에 관한 선행 연구들은 근거가 박약하여 믿을 수 없다고 반박하며 '아리랑의 형태소 분석'을[68] 시도한 원훈의의 정밀한 고구 역시 그러했다. 아리랑의 어원을 찾으려는 다른 주요한 노력 또한 크게 다르지 않다. 아리랑이 언급된 최고의 문헌으로 알려진 『만천집(蔓川集)』에는 "…牛羊茅草靑山暮요 鸝鷟長州 白露寒/호미 미여라 호미미여라 黃昏月色이 滿旗芋일세/啞魯聾 啞魯聾 於戱也 日夕農談載酒還이라"의[69] 기록이 등장하고 있는데, '아로롱'이 '아리랑'과 유사성을 띨 것이라는 추정 외에 기원의 상동성을 띠는 다른 단서는 없다. 또 황현의 『매천야록(梅泉野錄)』에 등장하는 기록, "정월. 임금이 낮잠을 자다 광화문이 무너지는 꿈을 꾸고 깜짝 놀라 잠에서 깼다. 임금이 그것을 불길하게 여겨 2월에 창덕궁으로 옮기고 동궁을 보수했다. 마침 남쪽의 난리가 날로 급박했으니 토목공사는 더욱 촌각을 다투었다. 임금이 매일 밤 전등을 밝히고 광대들을 불러 새로운 소리의 염곡을 연주하게 했는데, 그것은 아리랑타령이라는 것이었다. 타령이란 연주하는 곡의 속칭이다. 민영주가 원임각신으로 뭇광대들을 거느리고 아리랑타령 부르는 것을 전적으로 관리하고 광대들의 잘잘못을 평가해, 상방궁에서 금은을 내어 상으로 주도록 했다. 大鳥圭介가 대궐을 침범할 때에 이르러서야 그쳤다"에서는[70] 아리랑이 신성염곡(新聲艶曲), 즉 남녀 사랑을 노래한 애상의 음조로 쓰이고 있다는 점을 추정할 수 있을 뿐이다. 다음, 호머 헐버트가 발행한 『한국휘보(韓國彙報)』에 소개하고 있는 '한국의 소리 음악'에서의 아리랑, "이 부류에서 가장 두드러진 것은 약 782개의 운문으로 이루어진 대중가요인데, 그것들은 아라룽(A—ra—rûng)이라는 듣기 좋은 제목에 속해 있다. 평범한 한국인들에게 이 노래가 음악에서 차지하는 위치는 음식에서 밥이 차지하는 것과 똑같다. 당신은 그것을 어디서나 언제나 듣게 된다. 나 자신이 알고 있는 이 노래는 3500여 하고도 20일간 지속되었고, 1883년 무렵 대중의 인기를 사로잡게 된 것으로 알고 있다. 그것의 명백히 최근 모습은 앞으로도 오래도록 지속될 것이다. 이 노래는 수없이 많기 때문에 누구도 정확한 숫자를 밝힐 수 없다. <u>사실, 이 가락은 한국 사람들이 능숙한 많은 즉흥곡들로 대용하기 위해 만들어졌다.</u> 그러나 불변의 코러스는 다음과 같다.

아르랑 아르랑 아라(/아라리요)

아르랑 얼스빅씨어라

마지막 단어를 '다나간다' 혹은 다른 함축적인 구절로 대체할 수도 있다. <u>나는 많은 한국인들에게 그 단어들의 정확한 의미를 말해달라고 했지만, 항상 애매한 미소만을 대답으로 받았을 뿐이다. 어떤 답변을 이끌어낸 경우라도, 그 답변은 이해할 수 없을 만큼 모호한 성격을 갖고 있었다</u>(밑줄 필자). 한 사람이 내게 다가와 속삭이듯 말하기를, 러시아인을 칭하는 한국 단어의 첫 음인 '아르'는 나라의 운명에 대한 그 제국의 영향을 예언한 것이었다고 했다. 또 다른 사람은 그 글자들은 분명히 나는 나의 남편을 사랑해요, 나의 남편을 사랑해요, 예 나는 당신을 사랑해요, 나는 내 남편을 사랑해요를 의미하는 어떤 중국 글자들을 자역 혹은 음역한 한국어예요. 그리고 그 행은 좋아! 우리 축제의 배를 띄우자로 끝맺는 거죠, 라고 했다. 이 노래로 불린 노랫말들은 전설, 민간전승, 자장가, 酒歌, 가정생활, 여행과 사랑 등 전 분야를 아우른다. 한국인들에게 그것들은 서정, 교훈, 서사가 한 군데로 뭉쳐진 것이다. 이곳에서 그것을 악보화 하려는 노력은 부질없다"라고[71] 하였다. 이 자료는 현재 전해지는 아리랑 스코어를 채록한 최초 기록자로서뿐만 아니라, 19세기 아리랑의 현황과 상황에 대한 정확한 정보를 담고 있다는 점에서 중요하다. 아리랑이 19세기 한국 민중의 토착 정서를 웅변하는 대중 민요로 한국인들의 희로애락을 모두 표현할 수 있는 전방위적 특질을 지닌 노래였으며, 그 자질은 한국적 무위의 성격을 정확하게 기술하고 있는 것이라는(밑줄) 사료로서도 의미에 값할 수 있다. 사실 아리랑의 이후

자료 조사는 헐버트의 기초 자료를 바탕으로 1980년대 이후에야 겨우 아리랑의 종류가 '50여 종 3000여 수'에[72] 이를 것이라는 김연갑의 탐구와 더 나아가 '186종 2277수'에[73] 달한다는 박민수의 조사가 진행될 수 있었다. 그러나 헐버트의 연구는 아리랑에 대한 최초의 체계적 연구의 가치를 높게 평가할 수 있음에도 불구하고 기원이나 의미에 대한 고찰은 여전히 유보되고 있다. 이는 아리랑이 지닌 본질을 정확하게 이해하지 못한 데서 오는 한계로 판단된다. 사정이 이러하므로 아리랑에 대한 거개의 논의는 시작부터 도그마에 빠질 위험을 안고 있다. 그래서 참조해 볼 수 있는 대안 중 하나가 아리랑의 생성을 현실 세계에서 일어나는 사건으로 수용해 보는 것이다. 현실 세계가 구체적으로 무엇인지 밝혀내기 쉽지 않지만, 또 기능주의적인 한계에도 불구하고 그것은 텍스트를 통해 가정되는 가능 세계를 형성시키는 데 영향을 미친다. 그럴 때 아리랑은 바로 이 가능 세계에서 발생한 것으로 간주해 볼 수 있다.[74] 그런 전제를 통해 아리랑의 주요한 특질을, 기존의 장르적 코드를 갱신하고 상황에 맞는 새로운 코드로 스스로 만들어 가려는 무위의 잠재성에서 찾아보는 것이다. 그럴 때 헐버트의 기록에서도 엿보이는 모호성의 영역, 기타 다른 여러 언명들에서 엿보이는 '무엇인지 정확하게 표현할 수 없지만 뜨겁게 차오르는 벅찬 감정,' 슬픔, 한, 희망 등을 내재하고 있는 이 복잡한 감정의 잠재적 덩어리를 무위의 에너지라고 유추하는 데까지 나아갈 수 있다. 그러니까 아리랑은 다른 무엇보다 일제 식민지로 인한 국가 해체, 민족 해체의 경계에서 민족인 각자가 유랑의 끝에서 만난 자기 삶의 보존을 향한 마지막 향유의 노래이자 종교적 성격의 기표였다는 점을 주목할 필요가 있다. 우리는 여기서 아리랑이 특히 해체 단계에 이른 조선 후기의 폭정과 일제 강점 후의 식민지 체험에서 오는 질곡과 깊이 관계하고 있다는 점에 주목한다. 아리랑은 식민지 기간 유랑하는 삶으로 특징되는 약자, 소수자, 억압받는 자들의 생존을 향한 자기 구원의 종교적 의미를 지닌 노래로 수용될 때 최고의 생명력을 발휘한다. 이를 증명하듯 다큐는 그 자신 부모의 식민지 삶 때문에 한국인과 일본인의 경계에 위치함으로써 이중 구속적 정체성을 지닐 수밖에 없는 내레이터를 통해 아리랑의 숨결을 광범위하게 호흡한다. 알마타에 거주하는 고려인 2세로 차이콥스키 음악대학 교수인 작곡가 김 겐나지는 '나는 누구인가, 내 안에는 무엇이 있는가'라는 치열한 질문의 끝에 완성한 〈카레이스키 환상곡〉을 통해 그 질문에 다가간다. 그것은 그와 그를 연결한 혈연들이 불렀던 아리랑의 기억을 '지금-여기로' 소환하는 것을 의미한다. 비근한 예는 독일 홈볼트 대학에 원통형 실린더의 기록으로 보존돼 있는 아리랑에서도 확인된다. 프리드리히 밀러(인류학자)가 당시 소련 용병으로 1차 대전에 참전했다 포로가 된 조선인 병사들로부터 채록한 그 노래는

아리랑 아리랑 아라리요
아리랑 철철철이 배떠나간다
요내배는 한각밴지

팔도의 한량이 다 타고 논다
   아리랑 아리랑 아라리요

라고 기록돼 있다. 우리에게 익히 알려진 아리랑의 원형을 비교적 잘 간직하고 있는 이 노래의 스코어는 아리랑이 시대의 풍자를 정확하게 재현하고 있다는 것을 보여 주는 한편, 삶의 질곡 속에서도 특유의 여유와 풍류를 잃지 않는 조선 말기 민중의 일상 풍속도를 정확하게 확인할 수 있게 한다. 그러나 『북간도』(안수길)에도 재현되어 있듯, 이미 해체 단계에 이른 국가의 말기적 증세와 대기근으로 삶의 희망을 버린 민족인들의 도강과 신산한 유랑의 여정은 일제 군국주의와 정면으로 맞닥뜨림으로써 인내하기 힘든 고통의 시간을 강제한다.

   월편(건너편)에 나붓기는 갈잎대가지는
   애타는 이 가슴 불러야 보건만
   이 몸이 건너면 월강죄란다.

 변주된 아리랑의 리듬에 실려 불리는 연해주 포시에트에 남아 현존하는 국경 너머의 '월강곡(越江曲)'은 바로 아리랑의 다른 이름이다. 민족인들의 수난사는 연해주 독립운동의 대부 최재형에 이르러 정점을 보여 준다. 그의 손자(최 발렌틴)가 금기처럼 보관해 오다 먼지 자욱한 소파 아래서 꺼낸 빛바랜 기록 "나와 내 가족의 이야기"는 70년을 비밀에 부쳐 온 그의 아버지가 할아버지에 관해 기록한 일기 형식의 비극적 가족사다.

그 비극은 연해주에 망명한 한인들에 가한 일제 군인의 잔인한 학살과 방화에 대한 그것이다. 그 기록의 끝에 후일담으로 등장하는 노래는 바로 우리가 친숙하게 접하는 아리랑이다. 최발렌틴은 한 번도 가 보거나 생각해 보지 않았던 그의 아버지, 할아버지의 모국을 상상하며 "아리랑을 들으면 멀리 있는 아름다운 고향이 생각나고, 좋은 감정이 생겨요"라고 절규하듯 독백한다. 그 감정은 연해주 고려인 강제 이주사에서도 재현된다. 영화 〈약속의 땅〉에서 생생하게 경험한 바 있듯, 연해주에서 중앙아시아로 강제 이주 당한 17만 고려인 수난사는 세계 민족사에서도 찾아보기 힘든 비극적 디아스포라의 한 전형이다. 거기서 살아남은 사람들이 거의 종교처럼 함께 부른 노래는 아리랑이었고, 그 고난의 삶은 눈물로 써 내려간 "김해경의 일기"에 피맺힌 절규로 남아 있다. 짐승과 같은 삶 속에서도 생명을 보존하며 살아온 그녀의 눈물겨운 기록을 그 절정에서 온축하고 있는 것은 췌언할 필요도 없이 아리랑이다. "내가 아무리 러시아 말을 하고 살아왔어도 러시아 사람이란 것을 느끼지 못하는데, 아리랑을 들을 때면 내가 고려인, 고려사람이란 것을 느껴요"라고 이제는 노년에 이른 그녀의 손녀가 조모의 기억을 빌려 독백한다. 그들에게 '아리랑 노래는 돌아갈 고향'의 다른 호명이다. 러시아 흑해 연안의 크라스노다르에 살고 있는 노년의 심라리사는 고려인의 이주 역사를 연구하는 역사학자이다. 처음 소련 사회주의국가에서 제공한 고등교육을 받았던 그녀는 이른바 잘나가는 국가공무원으로서 고려인에 대한 관심이 전혀 없었다. 그러나 어느 날 국가기록보관실에서 발견한 연해주 고려인 강제 이주에 대한 비밀문서를 접한 후, 자신이 고려인이라는 자각과 함께 조사에 뛰어든다. 소비에트 공화국 인민위원회 결의안에 문서 형식으로 정확하게 명기되어 있는 그 기록은[75] "이주민들이 두고 가는 동산, 부동산 및 파종지의 미수확 작물에 대한 가격을 산정하여 그들에게 보상한다"라고 명시하고 있다. 부모의 회한을 고스란히 간직하고 있는 고려인 3세로, 또 사회주의 체제 해체 이후 다시 살길을 찾아 유랑을 떠나야 했던 이중의 아픔이 그녀에게도 있다. 그녀는 그녀 할머니가 자주 부르던 아리랑의 의미를 어렴풋이 깨닫는다. "할머니 [사진을] 보는 게 힘들어요. 할머니를 보면 불쌍해요. 할머니는 자기 마음을 잘 표현할 수 없었어요. 자기 삶에 관해 얘기할 수 없었어요. 어떤 일을 겪었는지, 어떻게 살아남았는지 … 항상 저에게 '언젠가 한번은 꼭 고향에 갈 거야'라고 하셨어요. 그러면 저는 '그러면 안 되는 줄 잘 알잖아요'라고 차마 말할 수 없었어요." 그 할머니를 생각하면 항용 떠오르는 노래가 있다. "아리랑은 작별에 대한 슬픈 노래예요. 이 노래는 고향을 떠났을 때의 슬픔을 의미하는 노래예요." 그렇다. 그것은 고향을 떠난 이가 언젠가 고향으로 돌아갈 수 있다는 모진 희망을 가슴에 품고 살아가는 고려인 디아스포라들의 레퀴엠이었다. 유사한 경우는 한인들이 유랑을 떠난 세계 도처에서 발견되는데, 북마리아나제도 사이판의 부속섬 티니안에서 접한 아리랑도 다르지 않다. 일제 군국주의가 극에 달할 즈음 강제로 끌려온 한인들은 성과 이름을 죄다 일본어로 바꿔야 했다. 지금 한인 3세들의 성은 모두 일본식으로 바뀌어 있다. 잔인무도한 창씨개명의 강요와 다름없는 그 행위의 배후에는 그렇지 않으면 일을 해도 품삯을 주지 않은 일제의 만행이 있다. 전경운의 아들은 그의 아버지가 필사적으로 남긴 기록 "남양살이 40년 회고 — 전경운자서전"을 통해 아리랑과 정면으로 대면한다. 아들이 기억하기에 아버지가 부르던 아리랑은 "스스로를 위로하는 노래"이자 생존의 지침이 되는 그것이었다. 그런 아들이 회고하는 '아버지는 전쟁의 희생자'였다. 그의 아버지 역시 생전에 고향에 가길 간절히 바랐다. 연로한 어머니가 아직 살아 계시리라 믿었기 때문이다. 전경운이 자서전을 쓰게 된 동기도 그가 죽은 후 후손들이 그를 기억하고 그의 고향을 기억하기를 바랐기 때문인데, 그런 아버지의 모든 것이 하나로 수렴하는 것이 아리랑이다. 한편, 미국 뉴멕시코주 앨버커키에서 만난 데이비드 킹 더너웨이(다큐멘터리 작가)는 포크송의 대부로 불리는 피터 시거(가수)가 부른 아리랑의 역사적 가치를 소개하고 있는데, 그것은 님 웨일즈가 기록한 『아리랑』을 통해 김산의 혁명가로서의 삶에 깊은 감명을 받아, 시거가 심혈을 기울여 작곡하고 부른 노래이다. 그는 자신의 작업 과정에서 아리랑을 무려 14번이나 녹음했고, 마침내 그의 주요 앨범에 수록하게 된다. 시거에게 그런 동기를 부여한 바탕에는 "아리랑은 제국주의에 맞서 싸운 독립운동가들이 마치 애국가처럼 부른 노래입니다"라는 강렬한 여운이 있다. 그에게 아리랑은 한국인의 비극을 상징하고 있는 것으로 보인다. 김산의 아리랑을 그가 노래할 때 "아리랑은 한국의 비극을 상징한다. 그러나 아리랑의 의미는 죽음을 두려워하지 않고 장애물을 헤쳐 나간다는 것이다. 또한 그것은 많은 죽음 후에 승리를 얻었다는 것을" 의미한다.

19세기 이후에 전개된 아리랑의 역사적 목록에서 공통분모를 발견하게 된다. 아리랑이 조선 해체의 격동기에 폭정으로 고통에 직면한 인민의 삶을 광범위하면서도 정확하게 재현하고 있는 대중 민요라는 것과, 일제 군국주의의 조선 병탄과 식민지화가 민족인들의 유랑과 이민으로 이어지는 과정에서 특별히 아리랑은 그들의 희로애락을 기억하는 향유의 노래로, 나아가 귀향을 향한 종교적 의미의(미륵이나 샤먼적 성격의) 신념으로까지 승화되고 있다는 점이다. 그렇다면 아리랑은 한 공동체의 기억을 축적하는 문화적이며 역사적인 사건으로 자리매김 될 수 있다. 그리고 이 모두를 아우르는 더 중요한 사실은 아리랑을 지속하게 하는 생명력의 원천에 대한 것이다. 아리랑은 모두에서 언급했듯이 자신의 고유성이 무엇인지 정확하게 알 수 없는 모호한 성격을 지닌 노래이다. 마치 재즈의 그것처럼 자유로운 자기 변용과 변신을 주도하기까지 하는 아리랑의 자질은 의미를 넘어 리듬 자체가 내포한 리토로넬로적 잠재성에서 그 특징을 발견할 수 있다. 합주와 독주의 반복으로 이루어진 콘체르토 형식의 협주곡을 통해(형식의 기본 단위 Á-b-A-c-A-d-Á 형태) 이를 정의하고 있는 들뢰즈는, 슈만의 1837년 〈환상소곡〉에 잠재하고 있는 '사랑'의 테마가 그 리듬의 깊이와 차이를 생성하는 과정을 통해, 그것이 탈영토화를 추동하게 하는 리비도로서의 모멘텀이 되고 있음을 간파한다. 아리랑을 지속하게 하는 생명력의 원천은 스스로 리듬을 형성하면서 스스로 그 리듬을 해체하는 탈영토화의 운동성에서 찾을 수 있다. 그 운동성은 '활동하는 무'로 특징지어지는 무위적 정념의 다른 호명이다. 아리랑을 노래할 때의 카타르시스는 우리 눈에는 잘 보이지 않는 힘에 지배당하고 있는 무위의 내재적 리듬을 통해 진행되는 리비도의 강한 끌림으로부터 온다. 아리랑의 리듬은 일차적으로 음악적인 것의 기계적 고정성으로부터 오는 것처럼 보이지만, 궁극적으로는 이질적이고 분별할 수 없는 삶의 환경과 함께 하는 변화무쌍한 자질의 카오스로부터 생성된다. 그런 연유로 "카오스도 방향적 성분을 갖고 있으며, 이것이 혼돈 자체를 황홀하게" 할 수 있는 것이다. 더 높은 차원에서 생명, 혹은 삶의 리듬은 "등질적인 시간-공간 속에서 작용하는 것이 아니라, 이질적인 블록들과 겹쳐 가면서 작용하고 방향을 바꾸어 나가는" 과정 속에서 생성된다. 다시 말해 이질적이고 분별할 수 없는 "다른 환경으로 이동중에 있는 환경을 바꾸는 것이 바로 리듬"의 진정한 생명이다. 특별히 조선 말기 폭정과 기근, 일제 강점 기간 동안 민족인들의 희로애락을 가감 없이 담아낸 아리랑이 그러했다.

미륵·아리랑·무위

아리랑의 리듬이 내재하고 있는 역동성과 무한 변개 자질은 내용이 아니라 '음악적 리비도'로 자신의 생명을 지속하는 양식이라는 것을 잘 보여 준다. 리듬의 진정한 생명은 이질적인 장르들과 겹쳐 가면서 작용하고 방향까지 바꾸어 나가는 내재적 초월의 과정에서 획득된다. 아리랑은 자신의 정체성이 무엇인지 정확하게 알 수 없는 노래인 것처럼 보이지만, 분명한 것은 그 무엇을 인식하거나 설명하지 않아도 인민의 일상에 깊이 들어와 '온몸'으로 반응하고 체화하는 과정을 통해 체감되는 리좀적 특질에 있다. 리비도적 리듬은 지속적인 형성의 자질로서만 존재 가치를 할당받는다. 우리는 이런 양식적 자질을 인민 종교로 여전히 생명력을 지속하고 있는 '미륵'을 통해 엿볼 수 있다. 잔여 형태로서의 미륵의 현재적 특질과 질긴 생명력을 잘 웅변해 주는 것은 '계(契)'다. 여전히 현재 시민 생활 곳곳에는 상호부조와 궁핍한 삶의 돌파구로서의 계가 주요한 근간으로 자리하고 있다. 원래 계는 공동체의 결속과 부조, 연대를 위한 주요한 삶의 원리를 이루는 문화였는데, 현대에 이르러 주로 서민들의 생활 기반 마련을 위한 경제적 기능으로만 명맥을 유지하는 것처럼 인식되고 있다. 계가 유지되기 위해서는 생활공동체의 끈끈한 연대와 신뢰가 전제되어야 한다. 현 단계에 계는 깨지기 쉬운 유리알처럼 불안과 불신의 모순을 안고 생명을 지속한다. 인민 공동체에서 여전히 계는 필요악으로 존재하는 생명 줄이다. 우리는 여기서 미륵의 현재적 잠재태를 엿보게 된다. 그러니까 미륵은 식민지와 박정희식 근대화로도('미신 타파'가 경제개발5개년계획과 새마을운동이란 미명하에 무차별적이고 폭력적으로 전개되었다) 소멸되지 않고 생활 기저에 깊이 뿌리내려 있다. 계가 그런 것처럼 미륵은 여전히 한국인의 일상에 잠재태로 내재하고 있다. 주지하듯이 체제에 위협을 가할 정도로 미륵 신앙이 널리 확산된 것은 숙종조를 전후해서다. 미륵의 역사는 삼국시대를 거쳐 조선 후기에 이르게 되면 기층민의 생활 면면에 여러 형태로 스며든다. 이른바 『정감록』을 중심으로 한 '도참설(圖讖說)'과 '미륵 신의 도래'로 특징화되는 '용화 세계'가 그것이다. 일례로 숙종 14년(1688)에 일어난 승려 여환의 역모 사건을 다루고 있는 '미륵 신앙 사건(彌勒信仰事件)'은 특히 미륵하생과 관련한 주목할 만한 메시지를 담고 있는데, 여환 옥사를 처음 언급한 이능화가 『연려실기술(練藜室記述)』에 기록된 양주 목사 최규서의 회고록 『병후만록(病後漫錄)』을 언급하는 과정에서 이를 명확하게 적시하고 있다. '여환 옥사'를 둘러싼 미륵 신앙 사건의 시대적 의미를 능동적으로 포착한 것은 그러나 정석종으로, 여환의 사건을 미륵 신앙과 용 신앙이 결합한 사례로 규정하는 과정을 통해 그는 조선 후기에 역동적으로 전개된 다양한 변혁 세력의 운동성에 주목함으로써, 이 사건이 단순한 역모 사건이 아닌 체제 전복의 조짐이 확산되어 가던 시기 인민의 변혁 운동의 일단이었음을 간파한다.[76] 실제로 황해도와 경기 북부를 중심으로 광범위하게 잠재해 있던 미륵 신앙은 여환 옥사를 통해 구체적으로 실체가 드러난다. 기록에 의하면 이 사건이 왕과 의금부에 보고된 것은 숙종 14년 7월 27일 양주 목사 최규서에 의해서다. 그는 7월 18일 양주 청송면 다탄리에서 '성인지령(聖人之靈)'을 칭하며 '도당을 규합하는 요인(妖人)이 있다'는 삭녕 군수 이세필의 보고를 받고 조사한 바, 그 실체는 수 명의 무녀(巫女)였다. 또 그 배후에는 영평의 지사(地師) 황회와 생불(生佛)이라 알려진 여환, 용녀부인(龍女夫人)이라 불리는 그 아내 원향이 있었다. 그들은 돈을 거두거나 소까지 팔아 군복, 전립, 장검을 산 것으로 확인되었다. 심문 과정에서 그들은 현재를 '석가의 시대'로 규정하고, 시대의 수명이 다해 곧 '미륵의 시대'가 도래할 것인데, 그 개벽의 시기에는 "큰비가 내려 국가가 기울고 인간 세상이 쓸려갈 것이다. 이때 군장과 복색을 준비하고 있다가 말을 몰아 왕이 사는 성안으로 달려 들어가면 텅 빈 도성을 차지할 수 있다"고 주장하였다. 추국 과정에서 이 사건이 역모의 성격을 띠고 있으며, 그 숫자가 도주한 자와 각 지역에 수감된 이들까지 합해 관련자의 수를 파악조차 힘들 정도로 불어나자, 숙종은 8월 11일 의금부에 심문을 중단시킨다. 사건 전말을 추국하는 과정에 백성들이 도망치고 흩어져 "마을의 태반이 비는" 사태에 큰 충격을 받았기 때문이다.[77] '여환 옥사'는 조선 후기 급격한 사회변동을 확인할 수 있는 주목할 만한 사례에 속한다. 여기서 기층민들은 삶의 구체적 일상을 지켜 내기 위해 기민하면서 놀라운 지혜를 발휘하게 된다. 우리는 특별히 그들의 약한 삶의 고리를 연결하고 접속하는 신호의 코드가 미륵 신앙(살주계나 검계)으로 특징지어지는 종교적 결속과 행동이었음을 직관하게 된다. 정석종이 이 사건의 추적 과정에서 『추안급국안(推案及鞫案)』의 자료를 분석하면서 주목했던 미륵의 화두는 검계(劍契), 살주계(殺主契) 사건, 장길산, 승려 여환과 원향의 실제 이름 그대로 『장길산』에 원용되어 인민 혁명의 기획과 에너지로 재구성된다. 『장길산』은 의도의 과잉과 자료 해석의 조급성, 한 인물에 대한 지나친 의존과

영웅화 등으로 여러 결함을 안고 있음에도 불구하고, 한국의 서사문학이 단편 위주의 언어유희와 기교에 안주할 때, 과감하게 기존 체제를 전복시킬 만한 기획과 선 굵은 문장의 퍼포먼스를 통해 대중소설의 새 지평을 개척한 보기로 평가할 만하다. 무엇보다 작가는 이 소설에서 조선 후기 인민의 생태적 역동성에 주목함으로써, 그것이 미학적 감각과 만날 때 어떤 가치를 획득할 수 있는지 명확하게 인지한다. 그 인식 지평이 소설에 투사될 때 "우리 같은 천생의 포한을 풀어주고 진인을 모셔 미륵세상을 세워야 한다"는 에피그래피와 만나게 된다. 강령에 가까운 연대감은 그 시대를 '말법(末法)의 시대'로 규정한 것에서 비롯되며, 그 결과 '장길산'과 연대감을 형성한 공동체 집단은 "외적으로부터 나라를 지킨다는 일차적 뜻에서 나아가 도를 잃은 지 오래인 조정을 갈아엎어야 한다는 데 의견이 모아지게"[78] 된다. 그 의지를 추동하는 동력은 단연 미륵의 이데아적 원형으로부터 온 것이다. 그들이 생각하는 "미륵대성은 지금 우리와 함께 계시"며, "부처님 뒤에 오시는 새 부처, 중의 부처가 아니라 상것들의 부처"로 곧 "미륵님은 저 산위에 절에만 계시는 게 아니라, 여러분이 새벽에 정화수를 길어다 비는 집안 뒤뜰, 우리 어버이 할아버지 그 이전 오래전부터 온 백성들이 하소연할 데 없어 답답할 때, 의원 못 불러 아플 때, 억울하고 슬플 때, 집안경사로 기쁠 때, 어쩌면 미륵님은 저 들판 가운데 밭고랑이나 동구 밖 산모퉁이 길가에, 엇비슷한 돌멩이에 대충 도끼로 쪼아져서 아무렇게나 계시는 것인지 모르지요." 그러나 그 "미륵님이 오실 적에는 이 세상의 모든 고통이 끝나게 되어 있습니다." "재난과 횡액, 가난과 외로움의 고통을 받는 사람, 다른 사람에게 종이 된 사람, 속세의 법률에 속박을 받거나 형벌을 당하여 죽게 된 사람, 여덟 가지 재난의 업을 지어서 큰 괴로움을 받는 중생들을 보고 저들의 고통을 구제하여 벗겨준 사람, 서로 이별하고 패를 갈라 싸우고 송사를 일으켜 고통받는 중생들을 좋은 방편으로 화합시키는 사람, 이런 이들이 미륵님과 만날 인연을 가지고 있습니다." 그리하여 "미륵님은 이미 우리와 함께 계시지만 우리의 실행이 없고서는 부처님도 용화세계도 이룰 수가 없습니다. 當來下生(당래하생)이신 미륵님은 우리 백성들이 이런 말법의 세상에서 맥없이 고통만 당하다가 나중에 죽은 뒤에야 극락에 가도록 하시는 분이 아닙니다. 바로 이 세상을 바꾸어 놓으라 하셨고 그때 오셔서 함께 이루겠다는,"[79] 즉 "이제부터 여러분의 마음속에 새로 올 것은 모두 미륵입니다. 여러분이 새로워지면 미륵님은 반드시" 우리가 함께 숨 쉬고 호흡하며 함께 고통을 나누는 일상의 '현신(現身)' 혹은 '진인'으로 지금-여기 가까이하는 것으로 묘파된다. 이 미륵 신앙의 내재적 에너지를 무위로 호명할 수 있다. 그러니까 미륵의 무위적 덕성은 인민의 토착 정서와 생활의 질서로 내면화되어 면면히 이어져 온 생활 종교가 되었다.

언급한 바 있듯 포크송의 대부 피터 시거의 아리랑 속에 스며 있는 김산의 모습은 그러니까 단순한 공산주의자나 아나키스트가 아니다. 그의 이념은 일제 강점으로 인한 민족 수난과 관계하고 이를 해소하기 위한 실천으로서의 이념과 운동이었다. 우리는 김산의 짧은 생애를 기술한 님 웨일즈의 기록을 통해 그 배후에 흐르고 있는 그의 무위적 정념을 발췌하게 된다. 33년 짧은 생애의 절정기를 기록한 1937~1939년 사이, 님 웨일즈가 채록한 아리랑은 아리랑의 형식을 취하고 있지만, 우리가 익히 알고 있는 본조 아리랑, 진도 아리랑, 독립군가 아리랑, 월강곡 등 여러 가사와 멜로디가 혼재된 형태를 띠고 있다.

아리랑 아리랑 아라리요
아리랑 고개를 넘어간다.
아리랑 고개는 열두 구비
마지막 고개를 넘어간다.

청천 하늘엔 별도 많고
우리네 가슴엔 수심도 많다.
아리랑 아리랑 아라리요
아리랑 고개를 넘어간다.

아리랑 고개는 탄식의 고개
한번 가면 다시는 못 오는 고개.
아리랑 아리랑 아라리요
아리랑 고개를 넘어간다.

이천만 동포야 어데 있느냐
삼천리 강산만 살아 있네.
아리랑 아리랑 아라리요

아리랑 고개를 넘어간다.

지금은 압록강 건너는 유랑객이요
삼천리 강산도 잃었구나.
아리랑 아리랑 아라리요
아리랑 고개를 넘어간다.[80]

  5연의 형식을 갖춘 이 노래의 기본 정조는 일제 강점으로 인한 유랑의 생존 체험과 거의 일치한다. 님 웨일즈는 그 상징성을 정확하게 간파하여, 이 노래까지를 포함해 지금까지 익히 알고 있던 모든 아리랑의 의미를 하나로 수렴하는 상징적 인물로 김산(장지락)을 지목한다. "내 인생에서 오직 한 가지를 제외하고 나는 모든 것에서 패배했다"고 고백한 김산의 역정은 "뜨거운 영혼과 다정다감한 가슴을 소유한 순수한 인도주의자이며, 더없이 존귀하고 고귀한 시대의 진리를 추구하고자 한 낭대의 순례사"이자, 모든 조선인의 고통과 비극적 죽음을 상징하는 순교자였다. 그의 순례자로서의 삶과 순교자로서의 그것은 님 웨일즈의 기록에 의하면, 겨우 11살밖에 안 된 어린아이일 때 집을 나와 32살 되던 해 일제 스파이로 중국공산당 간부 강생의 모함을 받아 처형당할 때까지 일제 군국주의 타도와 동아시아 민족 해방을 위해 줄기차게 투쟁해 온 진정한 혁명가의 삶이었다. 그는 자신의 젊은 시절을 한 번도 가지지 못한 불운한 혁명가였다. 그 불운의 원인을 직시함으로써 "혁명가에게 있어 나라를 넷이나 가진 인간은 나라를 하나도 갖지 못한 인간보다 훨씬 비참하다. 각국에서 받는 것이라고는 오직 천국행 차표 한 장뿐이다. 우리 조선인들은 일본인, 중국인, 상해의 영국인과 프랑스인, 조선경찰 등에 의해서 합법적으로 체포된다. 아무데서도 우리는 보호를 받지 못한다"[81]라는 인식에 도달한다. 1905년 3월 10일 평안북도 용천군 차산리에서 그가 태어났을 때 러일전쟁이 터져 그의 마을이 일본군에게 점령되었고, 러시아군 진지가 더 북쪽에 있었다. 그는 회고에서 "이 당시는 폭풍같은 시기였다. 어느 곳에 가든지 사람들이 울부짖는 모습을 볼 수가 있었다. 그때의 인상이 지금까지도 잊혀지지 않는다"(51면)라고 술회하고 있다. 그에게 왜놈은 '도깨비'였는데 "그토록 무서워하던 정복자 왜놈을 처음 본 것은" 그가 가장 사랑하던 엄마가 "일본 순사 두 명에게 얼굴을 주먹으로 맞아 입술이 터지고 피가 흘렀던" 기억과 함께 한다. 그의 집은 전형적인 소작농으로 궁핍했고, 그 결과 언제나 빚더미에 짓눌려 있었다. 11살이 되던 해 가출을 시도한 그는 작은 형 구둣가게에서 일하면서 공부하여 중학교 입시에 합격할 수 있었다. 그리고 얼마 후 3·1운동이 일어났다. 이 시위를 일제 군국주의자들은 피의 강을 이룰 만큼 잔혹하게 짓밟았다. 그 후 많은 조선인들이 망명과 유랑의 길을 떠났다. 김산도 그해 여름 동경으로 떠났다가 1년 후 다시 만주로 향했다. 처음 삼원보(三源堡)를 거쳐 합니하(合泥河)에 있는 신흥무관학교에 들어가게 되는데, 그때 그의 나이 겨우 15살이었다. 훈춘사건 발발로 그곳을 떠나 상해를 거쳐 북경에 들어가 1925년까지 북경협화의학원에서 의술을 공부한다. 상해에 잠시 머무는 동안 안창호와 이동휘를 만났으며, 당시 임시정부에서 활동하던 많은 젊은 항일 독립 운동가들과도 관계하게 된다. 이 시기 그를 사로잡은 것은 범박한 의미에서의 무정부주의였다. 그러나 단순히 테러를 중심에 둔 투쟁으로 무정부주의를 한정한다면, 그의 무정부주의와는 거리가 멀다. 이후 그는 흔히 말하는 마르크스-레닌주의자가 되기에 이르는데, 그 다리가 된 것은 김성숙(김충창)이다. 이념의 변화 과정에도 불구하고 그의 내면에는 그러나 그가 청소년기에 간직했던 기독교적 박애주의, 청년기의 무정부주의, 공산주의를 넘어 그 모두를 포괄하는 민족주의가 강렬하게 자리하고 있다. 우리가 김산의 생애를 투시할 때 반드시 짚어 봐야 할 대목이 바로 그의 내면에 간직한 '포괄적 민족주의'이다. 그러니까 그가 중국공산당에 입당하여 투쟁하는 가운데 그의 여러 고난과 시련을 극복하는 과정에서 이 민족주의를 외면하면 정확한 실체를 파악하기 어렵다. 면밀하게 관찰할 때 그의 민족주의는 무위의 리비도적 체현의 다른 이름이다. 그는 1925년 겨울 광동의 황포군관학교에서 훈련받은 후, 다시 중산대학에서 경제학과 역사학을 공부한다. 이 시기를 전후해 그는 중국공산당에 입당하게 되는데, 소위 국공 내전으로 알려진 북벌에는 참가하지 않는다. 1927년 그는 '광동 봉기(코뮌)'와 소위 '해륙풍 소비에트'에 깊숙이 관여하게 된다. 이 과정에서 공산당이 전멸에 가까운 패배를 하고 간신히 목숨을 건진 그는 홍콩으로 탈출한 후 다시 1928년 9월 상해로 귀환해 북경 지구당 조직부장을 맡는다. 1929년 8월 길림성에서 공산당 회의가 개최되었고, 여기서 그는 만주분국 해체 및 그 당원의 중국공산당으로의 당적 이전을 결정한다. 당시 북경은 반동 세력의 요새와도 같았으므로 그의 활동은 위축될 수밖에 없었는데, 마침내 1930년 11월 경찰에 체포되어 일본 영사관에 인도된다. 그곳에서 그는 조선으로 보내져 심문받게 되지만, 증거 불충분으로 1931년 4월 석방된 후 북경으로 복귀한다. 이후 조선공산당 내의 암투에 휘말려 각종 악소문에 시달린다. 그를 염려하는 친구들의 주선으로 고양(高陽)의 한 초등학교 선생이 된다. 그는 거기서 어떤 간계에 의해 1933년 다시 중국 경찰에 체포되었고, 일본 영사관에 넘겨졌다. 재차 조선으로 이송되었다 1934년 1월 풀려나자 북경으로 회귀했다. 이 전후 중국 처녀 조아평(趙阿平)과 결혼해 후일 고영광으로 알려진 유일한 혈육을 얻게 된다. 1935년 중국공산당 북부지구위원회에 파견되었는데, 이 전후 장개석 군대와 국공합작이 결렬되면서 고난의 장정이 시작되었고, 그해 1월 일본군의 공격을 받아 또다시 거의 궤멸 상태에 이르렀는데, 모택동이 소단위 게릴라 전술이라는 새로운 슬로건을 내걸고 지도부를 장악하게 된다. 8월 중국공산당 중앙위원회는 마침내 일제 군국주의에 저항하여 국가를 수호하자는 구호를 발표한다. 이를 계기로 광범위한 항일 연합 전선이 구축된다. 1936년 초 상해에서 전 정파가 참여한 조선민족해방동맹이 창설되자 김산은 지도적 지위에 오른다. 그해 8월 조선해방동맹과 조선공산주의 조직은 김산을 섬서-감숙-영하 소비에트 지구의 조선 혁명가 대표로 선발한다. 1937년 초에 김산은 백색지구에 있는 아내로부터 아들을 낳았다는 소식을 듣는데, 당시 그는 중국인민항일군사정치대학에서 물리학, 수학, 일본어, 한국어를 가르치고 있었다. 이때 그는 이미 오랫동안 누적된 피로와 육체적 결핍으로 중증 폐결핵 상태에 있었다. 다음 해 김산은 보안(保安)에서 '트로츠키주의자' 혹은 '일본 스파이'라는 증거가 불충분한 죄명으로 보안법정의 책임자 강생의 지시에 의해 비밀재판 후 갑자기 처형된다. 이후 이 결과를 접한 님 웨일즈는 크게 경악하면서 말할 수 없는 분노를 표시한다. 그의 복권은 한참 시간이 지난 1983년 1월 27일 중국공산당 중앙위원회를 통해 '김산의 처형은 특수한 역사 상황 아래서 발생한 잘못된 조치였다. 본 결의에 의해, 그에게 덮어씌워졌던 불명예가 제거되며 그가 지녔던 명예를 모두 그에게 되돌린다. 또한 이로써 그의 당원자격은 회복된다'는 수정 메시지를 통해 이뤄지게 되지만, 그것이 그의 진정성과 생명까지를 되돌릴 수는 없었다.

  님 웨일즈가 표제화 하고 있듯, 김산의 생애를 극적으로 상징하고 있는 것은 '아리랑'이다. 기록을 통하여 엿보게 되는 짧은 생애 동안 김산의 험난한 여정은 우리의 상상을 간단히 배반한다. 그것은 한 인간이 감당하기엔 벅차고 지난한 도전이다. 우리는 지금까지 그를 마르크스-레닌주의로 봉인함으로써, 그의 삶과 투쟁의 진정한 가치를 훼손했다. 그의 투쟁하는 삶은 대의적 민족주의의 다른 이름이다. 그의 활동과 내면을 면밀하게 투시해 볼 때, 우리는 그의 광의의 민족주의가 무위의 역사적 덕성과 긴밀하게 호흡하고 있다는 결론에 도달한다. 말하자면 그의 식민지화된 조선 탈출과 유랑, 중국 입성 후 불굴의 투지로 전개한 일제 군국주의 타도를 향한 투쟁 동력의 바탕에는, 단순히 이념만으로는 설명되지 않는 본원적 함의로서의 정치적 무의식이 있다. 우리는 그것의 두 실체를 그가 생래적으로 간직하고 있던 조선 말기 왕과 사대부 계급의 폭정과 일제 군국주의로 본다. 압도적인 폭력에 맞서 그는 한 치도 물러서지 않고 전 생애를 건 투쟁을 한 거의 유일무이한 전사로 기억되는 인물이다. 우리는 그 현묘한 에너지를 무위의 정념으로부터 기인한 리비도라는 주장에 이의를 제기하기 어렵다. 그의 순교자적 삶을 단 하나로 수렴하는 기표가 아리랑이다.

포스트 분단 체제와 무위

무위는 아나키와 동전의 양면처럼 감정선을 공유한다. 미적 정치의 재구성이 포스트 분단 체제 정치의 정초가 되어야 한다는 명제에 충실할 때, 아나키는 그것의 근원적 에너지로 작동할 수 있다. 아나키는 무질서, 무정부, 무정부주의, 테러와 같은 피상적인 아류 지식의 언어로 분칠되었던 기존의 통념과 사전적 언술을 거부한다. 그런 이유로, 체제의 언어로 매슈 아널드가 주장했던, 부르주아 이데올로기를 수호하는 문화와 교양에 적대적인 의미로서의 무질서 개념을 폄훼한다. 범박하게 오늘날 우리가 문화와 교양이라고 부르는 부르주아적 가치로서의 지적 정향은 '아나키'에 맞서 국가를 보전하는 데 가장 큰 의의를 둔다.[82] 때문에 그것은 지배 이데올로기의 중간 관리(계급) 양성을 위한 근대 교양 교육의 특수한 계급적 목적이 자리하고 있다. 당연한 것이지만 노동자, 농민, 나아가 인민의 삶은 이 계급적 문화 이데올로기에 적대적이거나 자발적 복종의 노예화를 위한 억압으로부터 자유로울 수 없다. 그 기율이 분단 체제 이후 남한 체제 교육과 일상인의 교양 밑바탕에 무의식적으로 잠재돼 있다. 분단 체제를 넘어서는 터닝포인트가 이 문제의식의 직시로부터 출발해야 함은 췌언할 필요도 없다. 특별히 레비나스는 근대의 미적 레짐으로 통칭되는 동일성의 자기 현전화(présence)에 대항하는 새로운 개념으로 아나키를 지목한다. 아나키는 미시적 일상에서의 파토스적 생명 활동으로 주석 가능하다. 거기에 인간 고유의 내재적 역동성(무위)이 잠재돼 있다. 그런 면에서 매슈 아널드가 규정한 문화에 적대적이며, 심지어 암적인 것으로서의 무질서로 제한하는 쓰임을 거부한다. 아나키는 근대 이데올로기가 주입한 대립적 세계 인식을 해체하면서 지속적으로 동일자의 전체성을 교란하고 넘어서 나아가려는 '의미의 과잉'을 함의하고 있다.

> 비록 의식을 전복할지라도, 그리고 드러나지만 그것이 표명하게 되는 말해진 것 속에서 주제화되는 의식으로 환원할 수 없는 사로잡힘은 낯선 것으로 의식 속에 새겨진 채 역류하면서 의식을 가로지른다. 즉 주제화를 해체하는 모든 의식의 빛 속에서 생산되는 원리, 기원, 의지, 아르케를 벗어나는 비평형성, 망상처럼. 운동은 그 용어의 본래적 의미에서 아나키적이다. 그러므로 사로잡힘은 어떤 경우에도 의식의 과도한 발달로 취

급될 수 없다. 그러나 주제의 결여가 주의집중에 앞서 산만한, 소위 '의식의 장'으로 회귀하는 것이 아닌 것처럼, 아나키는 질서에 대립하는 무질서의 사실이 아니다. 무질서(désordre)는 단지 하나의 다른 질서일 뿐이다. 그리고 그 산만함은 어쩌면 주제화된 것이다(전복과 혁명은 질서 속에 있다. 아나키의 개념은 정치적인 의미보다 앞선다. 그것은 어떤 긍정도 갖지 않는 부정의 계기를 가능하게 한다). 아나키는 이 같은 대안들의 저쪽에서 존재를 교란시킨다.[83]

그 의미의 과잉이 다른 한편으로 아나키의 외재적 관계성을 더 유연하게 할 수 있다. 최종 심급에서 아나키적 외재성은 타자를 향한 무한의 관계 맺음을 지향한다. 그것은 그렇기 때문에 일종의 강박적 사로잡힘이기까지 한데, 나타남의 현재에 기원을 두지 않음으로써 궁극적으로 종결과 시초에 대한 의무의 종결 없음을 특징으로 한다. 주류적 흐름에서 무질서를 질서의 결여로 보는 프레임은 오히려 레비나스에게 의미의 증대, 의미의 과잉을 넘어, 외재성의 과잉과 책임의 과잉, 나아가 책임의 무한으로 확장된다. 정치적 현실과 관련하여 구체적으로 현미경을 확대해 관찰한 아나키는 언급한 노자적 의미에서의 국가를 재정의하면서 다른 국가 개념에 대한 기획으로 나아갈 수 있다.[84] 흔히 '소국과민'으로 회자되는 노자적 국가 프레임은 근대적 국가, 국가주의를 넘어서려는 기획과 긴밀하게 호응한다. 노자가 '사랑으로 구성하려는 국가'라고 묘파한 그 국가는 '국가 없는 국가,' 근대국가를 넘어서는 국가, 일상의 삶을 구체적으로 관계 지으며 작동하는 국가, 보다 작은 단위에서 마을 공동체의 자기실현을 위한 공동선의 국가, 생태적으로 더 인간적인 삶의 지평을 공유하는 국가, 분단 체제 이후의 한반도와 세계의 관계를 최적화할 수 있는 방식으로서의 국가라고 범주화할 수 있다. 따라서 우리는 그 국가의 구성을 동시에 운동의 개념으로 이해하고자 하는데 여기에 무위의 역동적 의미가 내포돼 있다.

무위는 포스트 분단 체제를 추동하는 가장 내밀한 동력이다. 우리는 아리랑이 나아간 역사적 길목에서 미륵하생이 내포한 생활 종교로서의 활동성과 인민 밀착성을 주목할 수 있었다. 그리고 그것의 내재적 동력이 되었던 무위의 덕성을 통해 아리랑의 자질을 조금 더 깊이 있게 들여다볼 수 있었다. 김산의 생애를 조망하는 과정에서 엿볼 수 있는 것은 그가 초인적인 열정으로 지속한 투쟁의 시간들을 지탱할 수 있게 한 에너지가 바로 무위의 덕성이었다는 것이다. 그런 점에서 그에게 지워진 아리랑의 호명은 무위의 다른 이름이다. 무위는 분단 체제를 해체하고 포스트 분단 체제로 이동하는 현 단계 남한 인민의 내면적 동력의 잠재태로 기능할 수 있다. 그것은 일상 곳곳에서 나타나고 있는데, 물리적으로는 분단 체제에 갇혀 있는 듯 보이는 분단 해체의 여러 징후와 현상이 대표적이다. 실제 우리의 내면에는 분단 체제 이후의 일상이 지배하고 있다. 우리는 현 단계 한반도의 정세와 미래적 열망이 분단 체제를 넘어서고 있다는 운동-지속의 관점에서, 동시대를 통일 이행기로[85] 규정한다. 그것은 분단 체제와 통일 시대 사이의 단순 간기 개념이 아니다. 다시 말해 통일 이행기는 한반도의 현재성을 정확하게 특징짓는 '관계적 독립 개념'[86]이다. 우리는 다시 그것의 내재적 심미성을 아나키라고 지칭한다. 아나키는 '무위'와 동전의 양면처럼 호응하는 감정선을 공유하고 있다. 동학의 미적 아포리아와 운동성이 포스트 분단 체제에 긴밀하게 호출되는 이유이다. 간명하게 말해, 미적 정치의 재구성이 포스트 분단 체제 정치의 기초가 될 수 있다. 우리는 국가의 아나키적 구성으로 특징지어지는 동학의 무위적 덕성이 3·1혁명으로 이어지는 거대한 생명운동의 모멘텀이 되었다는 명제에 주목한다. 최제우는 노자의 '무위'를 전략적으로 선택함으로써 그것이 19세기 말 아포리아 상태의 조선에 새로운 인민의 비전이 될 수 있음을 증거했다. 그 미적 아포리아를 포괄하는 핵심에 아나키적 정념이 작동하고 있음을 환기할 필요가 있다. 그리고 그것은 다시 포스트 분단 체제의 일상에 흐르고 있는 인민의 내면적 동력으로 유효하다.

동시대에 다양하게 퍼포먼스 되고 있는 아리랑을 통하여 그 실체를 예감해 볼 수 있다. '이희문,' '프렐류드,' '놈놈'이 떼창으로 시도하고 있는 〈강원도 아리랑〉은[87] 우리가 익히 들어왔던 애상, 슬픔, 한을 주조로 하고 있는 통념으로서의 아리랑과 결별한다. 그들의 노래와 퍼포먼스의 기저를 이루고 있는 것은 발랄함을 특징으로 하는 새로운 리듬과 유희이다. 그리고 그 모든 것을 통괄하는 것은 무위의 정념이라고 해야 할 아리랑의 리비도적 에너지다. 한편 '루디'와 '이희문'의 이질적 조합이 노래하는 〈서울 아리랑〉은[88] 기존의 진도 아리랑을 기조로 빠른 템포의 멜로디와 거기에 랩송을 믹싱한 후, 다시 기존 〈밀양아리랑〉의 노랫말을 혼합함으로써 기왕의 아리랑이 지니고 있던 정조를 완전히 해체-재구성하는 퍼포먼스를 시도한다. 다시 '이희문,' '노선택과 소울소스,' '놈놈,' '치타'가 조합된 〈아리랑, 막 놀아난다〉는[89] 포스트 분단 체제의 정서에 부응할 아리랑의 전형을 제시한다. 여기서 이희문은 그의 다른 동료들과 함께 아리랑을 힙합 등과 콜라주 하는 과정에서 시대의 전위가 보여 줄 수 있는 앰비언스적 특징을 과감하게 삽입하는 가운데, 동시대 청춘 교향악으로 명명될 화음을 발랄하게 퍼포먼스 한다. 아리랑이 지닌 역동성을 정확하게 살리고 있는 것은 춤, 노래, 패션, 리듬의 재즈적 변주, 관객과 상호 반응함으로써 생성되는 에너지의 상승효과 등 아리랑에 대한 기존 통념을 단숨에 무너뜨리고, 그 자리에 새로운 아리랑의 깃발을 세우는 감각의 운동성이다. 우리는 여기서 분단 체제 이후 새롭게 변용되고, 생명을 지속하는 아리랑의 무위적 생명력을 직관한다.

포스트 분단 체제에 전개되고 있는 여러 형태의 아리랑 퍼포먼스는 아리랑의 무위적 자질을 정확하게 포획하고 있는 것처럼 보인다. 아리랑을 지속하게 하는 생명력의 원천은 스스로 리듬을 형성하면서 그 리듬을 해체하는 탈영토화의 운동성에서 찾을 수 있다. 그 운동성은 '활동하는 무'로 특징지어지는 무위의 다른 호명이다. 아리랑을 노래할 때의 카타르시스는 보이지 않는 힘에 지배당하고 있는, 무위의 내재적 리듬을 통해 전개되는 리비도의 강한 끌림으로부터 온다. 우리는 그것을 포스트 분단 체제를 요동하게 하는 내면적 동력으로서의 무위로 판단한다.

주

1. 들뢰즈·가타리, 조한경 옮김, 『소수집단의 문학을 위하여』, 문학과 지성사, 1992, pp. 37-80.
2. 자크 랑시에르, 양창열 옮김, 『정치적인 것의 가장자리에서』, 길, 2002, p. 253.
3. Gregory Bateson, *Steps to an ecology mind*, Chicago: Univ. of Chicago Press, 2000, pp. 271-273. 이중 구속의 한국적 예는 신철하, 「도와 이중구속」, 『국어국문학』 169호, 국어국문학회, 2014; 신철하, 「이중구속의 생태적 함의」, 『한국현대문학연구』 42집, 한국현대문학회, 2014. 참고.
4. 신철하, 『노자와 에로스: 에로스와 생명정치』, 삶창, 2016, p. 83.
5. 질 들뢰즈·펠릭스 가타리, 김재인 옮김, 『천개의 고원』, 새물결, 2001, p. 302.
6. 崔濟愚, 『東經大全』, 癸未仲夏慶州開刊(影印), 「不然其然」章. "由其然而看之 則其然如其然 探不然而思之 則不然于不然 … 是故 亂必者 不然 易斷者 其然 比之於究其遠 則不然不然 又不然之事 付之於造物者 則其然其然 又其然之理哉"(그러한 이치로 보면 그렇고 그러하지만, 그렇지 아니한 이치로 찾아보면 그렇지 않고 또 그렇지 아니하다. … 이런 연유로 단정하기 어려운 것이 그렇지 아니함이요, 쉬이 단정할 수 있는 것이 바로 그러함이다. 근원을 탐구해 견줘보면 그렇지 않고 그렇지 아니하며 또 그렇지 아니한 일이요, 만물을 만든 존재에 의지해 보면 그렇고 또 그러한 이치가 된다).
7. 『노자와 에로스: 에로스와 생명정치』, p. 25.
8. 자크 데리다, 김성도 옮김, 『그라마톨로지』, 민음사, 2010, p. 360. '대리 보충(supplément)'은 '차연'과 동전의 양면처럼 긴밀하게 호응하는 개념이다. "만약 차연을 존재자(étant)의 사라짐과 나타남의 주요 형식인 부재와 현전의 말소된 근원(origine oblitérée)으로 인지한다면" '대리 보충'은 '외부적 첨가'의 의미를 지닌 "어떤 자리를 대신하여(âlaplacede) 슬며시 끼어드"는 보조자이며, 어떤 것을 대신하는

(tientlieu) 하위 심급이다. 이해를 돕기 위해 조금 더 부연하면, 대리 보충은 크게 두 가지로 압축된다. 먼저 하나의 충만함을 더 풍요롭게 만들어 주는 잉여이다. 진리를 널리 산포시킬 수 있는 능력을 음성 언어에 첨가하는 문자언어와 작품의 미를 더해 주는 작품의 액자 같은 것이 그 예이다. 궁극적으로 다른 하나는 데리다가 『그라마톨로지』에서 주장하고자 하는 핵심 전언인 음성언어와 문자언어의 관계다. 루소는 자연의 현존에도 대리 보충이 필요하다는 생각을 피력한다. 이 연장선상에서 안과 밖의 모순 명제가 등장한다. "문자언어가 음성언어 밖에 있기 위해서는 후자가 자기 충족성을 지니고 있어야 하며 문자언어와는 다른 차이를 드러내야 한다. 여기서 루소는 의사소통의 기술인 문자언어가 사유의 매개화 된 재현이라는 측면에서 음성언어에 대한 대리 보충으로 사용되면서 진리를 위태롭게 하는 것으로 판단한다. 반면, 데리다는 문자가 대체를 필요로 하지 않는 것에 대한 대체로서 스스로를 자리매김할 때 위험하다고 천명한다. … 문자는 결여된 것을 첨가하고 그렇게 함으로써 그 자신이 되기 위하여 하나의 대리 보충이 될 필요가 있는 것은 비완결성을 계시한다. 달리 말해서, 만약 문자가 사유를 명료하게 한다면, 사유는 전체가 되기 위하여 문자의 대리 보충을 필요로 하며, 따라서 문자가 없는 사유는 그 자체로 완전히 충만한 것은 아니라고 말한다" (p. 400).

9. 『그라마톨로지』, p. 397. 차이를 뜻하는 프랑스어 différence와 차연을 의미하기 위해 데리다가 만든 différance의 프랑스어 발음은 동일하며, 모음 철자만 각각 e와 a로 다르다. 따라서 그 차이는 귀에 들리지 않는다. 즉 차연의 의미나 정체성은 오직 문자에서만 나타나며 오직 문자로서만 존재하는 것이다. 차연 개념은 소쉬르 언어학의 차이 개념에 신세를 지고 있는데, 하이데거적 차이가 열어 놓은 길로부터 영감을 받았다. 차연은 차이 일반을 의미할 수 있으나 보다 더 정확하게 말해 차이들의 놀이, 차이들의 흔적의 놀이, 사이두기의 놀이를 지시한다. 가령, 사랑이란 단어에서 '사'와 '랑' 사이는 공간을 말하는 것이 아니라, 그 두 글자의 차이를 가능케 하는 공간화, 즉

간격화를 지칭하는데, 따라서 차연은 차이의 사이두기이다. 이 점에서 차연은 동시에 수동적으로 그리고 능동적으로 기능한다. 그런 이유로 차연은 정태적인 동시에 운동의 성격을 띠고 있다. 차연이 없으면 모든 차이들은 생성되지 않는다. 차연은 결코 닫히거나 종결되지 않는다는 점에서 열린 운동 속에서 새로운 의미와 가치를 획득한다. 하지만 그것은 고정적 표상이 불가능하며 본성이나 본질을 갖고 있는 것도 아니다.

10. 윤홍길,『장마』, 민음사, 1980, p. 51.
11. 『노자와 에로스: 에로스와 생명정치』, p. 38.
12. 『노자와 에로스: 에로스와 생명정치』, p. 62.
13. 화이트헤드, 김용옥 옮김,『이성의 기능』, 통나무, 1998, p. 352.
14. 『노자와 에로스: 에로스와 생명정치』, p. 94 주석을 볼 것.
15. '생명의 약동(élan vital),' 혹은 '삶의 도약'은 베르그송의 개념어다. 그는『창조적 진화』의 모순된 조어를 통해 '기억'은 추상적으로 존재하는 것이 아니라 구체적 '물질' 속에 내재되어 있고, 그것을 변화시키는 '지속적' 시간의 개념 속에서 해명한다. 말하자면 한 존재자의 창조적 삶, 혹은 도약은 그 물질의 기억에 관한 '직관적' 응시로부터 일어난다.
16. 『노자와 에로스: 에로스와 생명정치』, p. 53. 더 자세한 것은 이 책의 주석을 참고.
17. 『老子翼』, 漢文大系九(東京, 富山房, 昭和59年). 10장 蘇註. '魄之所以異于魂者, 魄爲物, 魂爲神也.'
18. 『老子翼』, 10장 呂註. '專氣而不分, 致柔而無忤, 而能如嬰兒矣.'
19. 신철하,『사랑의 파문 ― 노자, 아나키, 코뮌』, 삶창, 2016, pp. 70-77.
20. 『사랑의 파문』, pp. 59-62. 플라톤의 에로스는 '풍요와 결핍, 미와 추, 지혜와 무지 사이에 있기 때문에 아름다움과 지혜를 향한 욕망을 추구하는' 야누스적 인물이다.
21. 王弼,『老子注』, 四庫全書, 臺北, 商務印書館, 52장. '母, 本也. 子, 末也.'

22. 『노자와 에로스: 에로스와 생명정치』, p. 148.
23. 『천개의 고원』, pp. 287-289. '아르토는 기관들에 전쟁을 선포한다.' '그것은 몸체이자 사회체이고 정치이자 실험이다.' '우울증의 몸체, 편집증의 몸체, 분열자의 몸체, 마약을 한 몸체, 마조히스트의 몸체.'
24. 부르스 핑크, 이성민 옮김, 『라캉의 주체』, 도서출판b, 2010, p. 32.
25. 『노자와 에로스: 에로스와 생명정치』, p. 181. '무지하다는 것을 아는 것이 중요하다. 무지함을 인식하지 못할 때 화를 부른다.'
26. 『東經大全』, 「論學文」, 동학의 本呪文은 '侍天主 造化定 永世不忘 萬事知'의 13자로 구성돼 있는데, 문제의 '侍'를 '侍者 內有神靈, 外有氣化 一世之人 各知不移者也'로 정의하고 있다. 샤르댕의 과학적 통찰로서의 생명론과 최제우의 '모심'이 놀랍게도 일치하는 장면을 여기서 목격한다.
27. 테야르 드 샤르댕, 양명수 옮김, 『인간현상』, 한길사, 1997, pp. 93-246.
28. 최인훈, 『회색인』, 최인훈전집 2, 문학과지성사, 2008, p. 366.
29. *Transference: The Seminar of Jacques Lacan Book VIII*. Trans. Cormac Gallagher from unedited French transcripts. 1961. p. 115; 플라톤, 강철웅 옮김, 『향연』, 이제이북스, 2010, 120면. '욕망하는 것은 자기가 결여하고 있는 것을 욕망한다는 것.'
30. 崔濟愚, 『東經大全』, 癸未仲夏慶州開刊(影印). 第二章 「論學文」.
31. 기존 '侍' 해석에 대한 주요 논의를 잘 요약한 글로 박호건, 「동학의 "모심(侍)"을 다시 생각한다」, 『한국민족문화』 59호, 2016 참조.
32. 『神師聖師法設』, 天道教中央總部, 布德127年(1986). 「靈符呪文」. "內有神靈者, 落地初赤子之心也." 최시형 역시 이를 "내 안에 한울님이 있다. 한울님의 명령을 따라야 한다. 그러기 위해서는 아이의 마음으로 돌아가야 한다"로 해석하고 있는데, '아이의 마음'을 플라톤의 '미소년'이나 '노자'의 '赤子'와 같은 위상에서 읽을 수도 있겠지만, 그의 다른 발언들을 종합할 때 종교적인 범주에 갇혀 있다는 인상을 준다.

33. 테야르 드 샤르댕, 양명수 옮김, 『인간현상』, 한길사, 1997, 245면.
34. 『天道教經典』, 天道教中央 總部, 布德147年(2006), 「其他」, 421면. 그리고 「靈符呪文」, 293면, "內有神靈者落地初赤子之心也 外有氣化者 胞胎時 理氣應質而成體也故."
35. 플라톤, 강철웅 옮김, 『향연』, 이제이북스, 2010, 137면. "임신한 것이 아름다운 것에 가까이 다가가게 될 때는 인자하게 되고, 즐겁게 이완되며, 자식을 출산하고 낳습니다. … 그렇기 때문에 임신하여 이미 터질 듯 부풀어 오른 자는 아름다운 것에 관한 격렬한 흥분으로 가득 차 있게 됩니다. 그것을 가진 자가 자기를 큰 산고에서 풀어 줄 수 있기 때문이죠."
36. 자크 데리다, 김성도 옮김, 『그라마톨로지』, 민음사, 2010, 360, 397면.
37. 『노자와 에로스: 에로스와 생명정치』, 삶창, 2016, 149면.
38. 王弼, 『老子注』, 四庫全書, 臺北, 商務印書館, 52장, '道之常也.'
39. Gregory Bateson, *Steps to an ecology mind*, Chicago: Univ. of Chicago Press, 2000, p. 271.
40. 전봉준과 손화중, 김개남 등의 전라도 봉기 이전에도 동학교도 이필제의 1871년 무렵 기포에 대해 최시형은 적절한 때가 아님을 내세워 강하게 비난한 바 있다. 동학의 인민 봉기로의 대전환은 1892년 전라도 삼례(三禮)에서 행한 최제우 신원 운동을 기화로 걷잡을 수 없이 확산되면서 그 2년 뒤인 1894년에 들어서야 접주들의 열화와 같은 요구에 의해 최시형의 '승인'이 난다.
41. 崔濟愚, 『東經大全』, 癸未仲夏慶州開刊(影印), 「論學文」, "曰吾心卽汝心也."
42. 『東經大全』, 癸未仲夏慶州開刊(影印), 「不然其然」. "① 兮 由其然而看之 則其然如其然 探不然而思之 則不然又不然. ②是故 難必者不然 易斷者其然 比之於究其遠 則不然不然又不然之事 付之於造物者則其然其然 又其然之理哉."
43. 자크 데리다, 『그라마톨로지』, 360면. 혹은 장 자크 루소, 주경복·고봉만 옮김, 『언어 기원에 관한 시론』, 책세상, 2002, 41면.

44. 신철하, 『노자와 에로스: 에로스와 생명정치』, 74면. "인간이 짐승의 상태로 전락하면 仁과 義를 간구하게 된다."
45. 崔濟愚, 『東經大全』, 「論學文」. "外有接靈之氣, 內有降話之敎. 視之不見, 聽之不聞, 心尙怪訝 修心正氣 而問曰 何爲若然也. 曰吾心卽汝心也"(밖으로 신령함의 기운이 있고, 안으로 강화의 가르침이 있는데, 보려고 해도 보이지 않고 들으려 해도 들리지 않으니 마음이 더욱 기괴하고 의아해지므로 다잡아 묻기를 어찌하여 그렇습니까? 답하길 내 마음이 곧 네 마음이다). 한편 최시형은 이에 대해 조금 더 산문적으로 주해하고 있는데, "無而後有之有而後無之 無生有也有生無也. 生於無形於虛 無無如虛虛如 視之不見 聽之不聞"(무 이후에 유가 있고 유 이후에 무가 있으니, 무가 유를 낳고 유는 무를 낳게 된다. 무에서 생하고 허에서 형태를 갖추니, 없는 듯하고 또 비어 있는 듯 느낄 수밖에 없다. 보려고 해도 보이지 않고 들으려 해도 들리지 않는 이유가 그와 같다)(『神師聖師法說』, 虛實) 우리는 최시형의 이 전언으로부터 세계를 이해하는 차연의 방법적 통찰을 엿보게 된다.
46. 『노자와 에로스: 에로스와 생명정치』, 62면.
47. 화이트헤드, 김용옥 옮김, 『이성의 기능』, 통나무, 1998, 352면.
48. 『노자와 에로스: 에로스와 생명정치』, 94면.
49. 崔濟愚, 『東經大全』, 「布德文」. '아득한 옛날 천지개벽으로 자연의 질서가 규칙적으로 운행하니, 이는 천주가 만물을 낳고 기르는 신비한 자취가 온 세상에 밝고 뚜렷하게 나타난 것이다. 세상 사람들은 그것을 천주의 조화로 이해하지 못하고 저절로 그렇게 되는 것으로 알고 있다.'
50. 崔濟愚, 『東經大全』, 「論學文」.
51. 『神師聖師法說』, 「其他」. '대신사의 주문 13자는 천지만물이 화생하는 근본을 밝힌 것이다. 수심정기 4자는 천지의 떨어지고 끊어진 기운을 보충하는 것이다. 무위이화는 사람과 만물이 도를 따르고 이치를 따르는 법체이다.'
52. 『神師聖師法說』, 「天理理氣」.
53. 『노자와 에로스: 에로스와 생명정치』, 33~35면. 특히 주해 부분 참고.

54. 『노자와 에로스: 에로스와 생명정치』, 72면. "太上下知有之, 其次親而譽之, 其次畏之, 其次悔之. 信不足, 有不信, 猶兮其貴言. 功成事遂, 百姓皆謂我自然."

55. 『노자와 에로스: 에로스와 생명정치』, 89면. '希言自然.'

56. 염상섭,『취우』, 염상섭전집 7, 민음사, 1987.

57. 자크 데리다,『법의 힘』, 문학과지성사, 2004, 53면.

58. 신철하,『노자와 에로스: 에로스와 생명정치』, 삶창, 2016, 207-238면.

59. 『노자와 에로스: 에로스와 생명정치』, 94-95면.

60. 『노자와 에로스: 에로스와 생명정치』, 32-36면.

61. 자크 데리다,『그라마톨로지』, 민음사, 2010, 360면.

62. 崔濟愚,『東經大全』, 癸未仲夏慶州開刊(影印), 第二章「論學文」

63. 『天道教經典』, 天道教中央 總部, 布德147年(2006).「其他」. 421면. 그리고「靈符呪文」, 293면 '內有神靈者落地初赤子之心也 外有氣化者 胞胎時 理氣應質而成體也故.'

64. 신철하,「동학의 노자수용」,『현대문학이론연구』71집, 2017, 284-297면.

65. 질 들뢰즈·펠릭스 가타리, 김재인 옮김,『천개의 고원』, 새물결, 2001, 287-293면.

66. 〈아리랑로드: 3·1운동 100주년 특집〉, KBS, 2019, http://program.kbs.co.kr/1tv/culture/arirangroad/pc/

67. 양주동,『양주동전집 3』, 동국대출판부, 1995, 270면.

68. 원훈의,「아리랑계어의 조어론적 고찰」,『관동향토문화』I, 1978, 105면.

69. 李承薰,『蔓川集』, 숭실대학교 기독교박물관(필사본) *최근 몇 언급들에서 이 기록이 거의 사기라는 주장이 제기되고 있어 저자와 기록 자체를 믿을 수 없다는 의문이 제기된 상태다.

70. 黃玹, 이장희 옮김,『梅泉野錄』, 明文堂, 2008, 666면.

71. Homer B. Hulbert, *The Korean Repository-Korean Vocal Music*, vol. 3, Seoul: Trilingual, Feb. 1896, p. 49.

72. 김연갑, 『아리랑』, 집문당, 1988, 14면.
73. 박민수, 『한국아리랑 연구』, 강원대출판부, 1989, 7면.
74. 송효섭, 「아리랑의 기호학」, 『비교한국학』 20호, 2012, 108면.
75. 스탈린 체제하 고려인들의 강제이주 계획이 적힌 비밀문서/소비에트 사회주의 연방공화국 인민위원회와 전소연방 중앙위원회 결의안/NO. 1428_326cc/1937년 8월 21일.
76. 정석종, 『조선후기 사회변동연구』, 일조각, 1983. 「숙종조 사회동향과 미륵신앙' 혹은 '숙종연간 승려세력의 거사계획과 張吉山」.
77. 한승훈, 「미륵·용·성인 — 조선후기 종교적 반란사례 연구」, 『역사민속학』 33호, 2010, 144면.
78. 황석영, 『장길산』 9권, 현암사, 1984, 62면.
79. 황석영, 『장길산』 9권, 196-200면.
80. 님 웨일즈, 조우화 옮김, 『아리랑』, 동녘, 1984, 3면.
81. 님 웨일즈, 조우화 옮김, 『아리랑』, 48면.
82. Matthew Arnold(edited by Stefan Collini), *Culture and Anarchy*, Cambridge Univ., 1993, 232-241면.
83. 임마뉴엘 레비나스, 김연숙 외 옮김, 『존재와 다르게』, 인간사랑. 191면. (필자 첨삭, 개칠, 윤문)
84. 신철하, 「미학과 정치」, 『한국언어문화』 63집, 2017. 136-147면.
85. 통일 이행기에 대한 정의 및 논의는 「포스트분단체제와 동학」, 『비평문학』 69집, 2018; 「바리데기, 해석적 모험」, 『한국학연구』 30집, 2009; 「문학과 엔트로피」, 『한민족문화연구』 47호, 2014; 「이중구속의 생태적 함의」, 『한국현대문학연구』 42집, 2014에서 여러 형태의 위계로 개진되어 있다.
86. '관계적 독립 개념'은 필자가 '통일 이행기'를 미적(정치적)으로 구성하기 위해 선택한 독자적 개념. 통일 이행기를 어휘적 수준에서 분단체제로부터 통일 시대를 향해 선조적으로 진행되는 중간 시기(/지대)로 파악할 우려에 대해 강력한 제동을 거는 이 개념은 구성주의적 관점에서 통일 이행기를 독립된 하나의 독자적 체제로 판단하고 있으며, 지속의 관점에서 분단 체제와 통일 시대를 모두 포획하고 있는

아포리아 상태의 이중 구속적 개념에 가깝다.
87. 이희문 · 프렐류드 · 놈놈, 〈강원도 아리랑〉, https://search.daum.net/search?w=tot&DA=YZR&t__nil_searchbox=btn&sug=&sugo=&q=%EC%9D%B4%ED%9D%AC%EB%AC%B8+%EC%95%84%EB%A6%AC%EB%9E%91
88. 루디와 이희문, 〈서울 아리랑〉, https://search.daum.net/search?w=tot&DA=YZR&t__nil_searchbox=btn&sug=&sugo=&q=%EC%9D%B4%ED%9D%AC%EB%AC%B8+%EC%95%84%EB%A6%AC%EB%9E%91
89. 이희문 · 노선택과 소울소스 · 놈놈 · 치타, 〈아리랑, 막놀아난다〉, https://search.daum.net/search?nil_suggest=btn&w=tot&DA=SBC&q=%EC%9D%B4%ED%9D%AC%EB%AC%B8+%EC%95%84%EB%A6%AC%EB%9E%91

인민 봉기와 동학

최시형

동학

인민 봉기

최시형

카프카의 '빠촘킨 우화'에서 발터 벤야민이 내밀하게 포착한 것은 '무희망의 희망'이다. 그것은 일상에서는 잘 보이지 않는 아름다움으로, 은밀하게 감춰진 곳에 숨 쉬고 있는 카프카 인물들의 독특한 아름다움 때문에 가능한 희망이다. 카프카 문학 전체를 관류하는 음습한 공간에서 불분명한 언어로 조형한 시대의 벽화는 그 아름다움에서 발하는 무희망성의 희망으로 인해 그와 그의 기록을 당대의 문학을 넘어 지속적으로 살아 숨쉬는 생명의 원천이 되게 한다. 정치의 본질은 불일치라는 점에서 카프카의 언어는 가장 극적으로 그 불일치에 대한 정치적 감각의 재현을 보여 준다. "불일치는 이해나 의견들의 대결이 아니다. 그것은 감각적인 것과 그 자체 사이의 틈을 현시하는 것이다. 정치적 현시는 보일 이유가 없었던 것을 보게 만드는 것이다. 그것은 그러므로 한 세계를 다른 세계 안에 놓는"[1] 것이다. 벤야민은 카프카의 빠촘킨 우화에 내재하고 있는 언어의 비의성과 모호성을 정확하게 포착한 후 그것이 어떻게 카프카의 수수께끼를 푸는 열쇠인지를 추적한다. 빠촘킨 우화를 뒤덮고 있는 수수께끼는 카프카의 인물들이 내포하고 있는 독특한 제스처를 웅변한다. 이 특유의 제스처가 카프카 문학을 위대하게 하며, 나아가 시대를 넘어 불가지성과 연결되도록 한다. 그것이 바로 카프카 문학의 현대성이자 변하지 않는 생명력의 원천이 되는 이유이다. 빠촘킨 우화에서 빼놓을 수 없는 인물이 슈발킨이다. 치료 불가능한 멜랑콜리에 빠진 재상으로부터 문서의 사인을 받아 내는 배달부(使者) 역할을 하는 그의 행동은 카프카 소설의 중요한 성격을 지배하는 'K'에 비견된다. 반면 빠촘킨은 다락방 속의 판사나 성안에 갇혀 있는 "거대한 기생충들"로 묘사되고 있는 서기관, 혹은 아들의 부양으로 연명하고 있는 아버지로 분장하고 그의 소설에 등장하는 인물(들)이다. 카프카 소설에 등장하는 보조적인 인물처럼 보이는 '조수'들은 대체로 "다른 어느 인물군에도 속하지 않으면서 누구한테도 낯설지 않"은, 이를테면 "여러 인물군들 사이에서 바삐 움직이고 있는 사자(使者)들"로 묘사된다. 『소송』의 인물들도 '바나바(barnabas)'와 비슷한 사자들이다. 우리가 보기에 그들은 미숙할 뿐만 아니라 지극히 서투른 존재들이다. 그들의 행동을 지배하는 세계는 그런 연유로 답답하고 음울함 그 자체이다. "나이가 찼으면서도 그들은 모두 성숙하지 못한 채로" "완전히 기진맥진한 상태에 처한 상태로 비로소 오랜 존재의 출발점에 있는 것처럼 보이는" 인물들인 것이다. 그들은 조금 더 나아가 "반은 고양이고 반은 양인, 잡종도 아니고 오드라데크와 같은 가공의 동물도 아니다. 오히려 이러한 인물들은 모두 아직도 가장의 영향권 안에서 살고 있"기까지 하다.

"그레고르 잠자가 양친의 집에서 해충으로 깨어나고, 아버지로부터 물려받은 상속물이 반은 양이고 반은 고양이인 괴상한 동물이며 또 오드라데크가 가장의 걱정거리가 되고 있는"것도 그런 연유에 해당한다. 그러나 놀랍게도 카프카 작품의 아름다움은 바로 이런 인물들이 징검다리의 역할을 해냄으로써 그려지는 독특한 아름다움의 세계, 그들의 무희망성으로부터 스며 나오는 역설적인 희망의 아름다움이다. 그것이 카프카 우화의 현대성이자 비의적 언어의 세계이다. 그의 문학은 그 불가사의한 것의 세계를 향한 일종의 '제스처'였다. 그의 문학에서 "제스처는 모두 하나의 사건, 아니 일종의 드라마 그 자체라고 말할 수도" 있다. 우리는 "카프카의 동물 우화들은 그것이 사람을 사이에 두고 하는 이야기가 아니라는 점을 전혀 눈치채지 못하고 한참 동안이나 읽어 나가"게 되는데, 카프카의 세계는 항상 이러한 것들로 가득 차 있다. 「법 앞에서」의 서사는 읽는 순간부터 안개에 휩싸인 듯한 애매모호한 구절과 마주치게 될 터인데, 이 이중적 의미를 거느린 언어들은 "봉오리가 꽃으로 개화할 때의" 우화적 전개에 가깝다. 카프카의 우화는 우리에게 작은 틈으로 난 구원과 연결시키는 기능을 한다. 카프카는 "사물을 항상 제스처라는 형식을 통해서만 파악"하고자 했다. 그리고 "그가 이해하지 못했던 제스처가 우화들의 모호한 부분을 이루고" 있다. 그것은 그러나 그의 언어적 비의성이 궁극적으로 한 존재의 생명 지속을 가능하게 하는, 희망의 원리로 작동하고 있다는 것에 대한 강력한 반증이다.

19세기 조선사에서 최시형을 제외한다면 그 역사는 거의 아무것도 남는 것이 없는 공허한 기록이 될 것이다. 그의 일생을 관통하는 지배소는 '도주'다. 최제우로부터 도통을 이어받은 1863년 이후 1898년 관군의 집요한 추적과 세작의 밀고에 의해 스스로 자신의 운명을 직감한 후 마침내 참형당할 때까지 35년여의 시간은, 19세기 조선뿐 아니라 동아시아사에서 가장 극적인 역사적 의미를 실천한 자만이 감당할 수 있는 한 경지를 웅변하는 기념비적 사건으로 기록된다. 한 시대와 역사를 갱신하고 더 나아간 곳에 위치한 그의 전무후무한 도주와 그 활동 기록은 그 개인의 삶만으로 국한해도 경이로움 자체이지만, 조선사 전체를 통틀어 이 땅의 역사가 인민의 미래를 향한 새로운 전회와 희망을 기대할 때 만날 수 있는 찬연한 시간의 의미를 지닌다. 최시형의 그 시간은 그런 면에서 이 땅 인민의 지난한 생존과 지속을 역사적으로 담보하는 상징적 기표다. 우리는 최시형의 역사적 시간을 통해 고독하고 무람한 그의 족적 속에 감추어진 무위의 정념을 상기해 볼 수 있다.

 최시형의 시대는 처음부터 끝까지 캄캄한 암흑의 시간 그 자체였다. 생명의 가치가 거의 전면적으로 훼손된 극악무도한 시대를 그는 가장 낮은 곳에서 피투성이가 되어 온몸으로 기어갔다. 아이러니하게도 반생명과 반인류의 시대를 결과한 것은 그 가치를 지고의 선으로 학습하고 상투적으로 이념화 한 왕과 사대부들이었다. 조선 유학은 그런 점에서 철저하게 반유학적이거나 반인민적이었다. 최제우를 체득하고 더 나아간 최시형이 오히려 반유학의 코어를 관통하는 핵심으로 진입했다. 그가 최제우의 '시천주'를 '포-접'을 통해 인민의 일상으로 기입한 것은 조선 유학이 전혀 상상하지 못한 사건이다. 다시 말해 그가 "內有神靈은 처음 세상에 태어날 때 갓난아기의 마음과 같음을, 外有氣化라는 것은 胞胎할 때의 이치와 氣運이 바탕에 應하여 體를 이룬 것"[2]이라고 주석할 때의 정조는 조선 유학의 진폭을 초월하는 휴머니즘을 향한다. '侍(모심)'에 대한 이 해석은 최제우 문헌 이해의 가장 극적인 도약을 보여 준다. 그 도약의 정점에 '현묘무위(玄妙無爲)'가 있다. 최제우의 무위 개념은 범박하게 노자나 주역의 원리 안에서 완전히 벗어난 것은 아니다. 그렇다는 점에서 최제우의 경우 무위는 인간의 힘을 초월하는 신의 영역과 무위자연을 유사하게 등가화 한다. 그렇지만 그것은 종교적 초월의 논리이자, 조선 후기 인민을 결속할 주요한 어젠다로 판단된다. 그러니까 삶의 희망이 완전히 상실된 인민들에게 가능한 최소의 생명선을 제시할 수 있다면 그것은 '유무상자(有無相資)'를 실천할 수 있는 '接(접)-包(포)'를 기반으로 한 결속-연대와, 그 연대를 가능하게 할 초월의 이념일 것이다. 최제우는 이 반생명의 시대를 살아낼 수 있는 생명선으로 '시천주'와 함께 '무위'를 제시한다. 그러나 그의 경우 무위는 아직 추상적이며, 운명론을 완전히 극복하지 못한 반수동태로 작동되고 있다. '내 마음이 곧 네 마음이다'라는 인격신으로의 전회는 조선 유학이 보여 주지 못한 인간 이해의 놀라운 도약이었음에도 삶의 구체에서는 여전히 낯선 것이다. 최시형은 이를 정확하게 간파한다. 그 간극을 메우기 위해서는 그 시대를 공명하고 초월할 계기가 요청된다. 최시형은 그의 삶 전체에서 가장 고뇌하고 고통스러웠을 혁명의 시기에 그 혁명이 결과할 조선 전체의 미래와 인민의 그것을 동시에 수렴하는 결단과 행동을 온몸으로 수행함으로써, 최제우의 무위를 실천-갱신한다. 실천의 한쪽은 그 역시 최제우의 "曰吾道 無爲而化矣"의 한계 내에 갇혀 있다는 것이며, 최제우가 제시한 "造化者 無爲而化也"의 동어반복에서 벗어나지 못하고 있다는 점이다. 그러나 이 명제에 대한 세밀한 해석이 요구되는 분기점이 여기서 강제된다. 우리는 최시형이 "個人各個가 能히 神人合一이 自我됨을 覺하면 이는 곧 侍者의 本이며, 侍의 根本을 知하면 能히 定의 根本을 知할 것이요, 終에 知의 根本을 知할 것이니, 知는 卽通이므로 萬事無爲의 中에서 化하나니, 無爲는 卽 順理順道를 이름이니라"고[3] 언명할 때, 이를 단순히 자연의 이치와 순리에 순종한다는 의미로 해석하면, 문제를 기꺼이 협소화함으로써 결국 동학을 종교적 트리비얼리즘에 한계 지우는 우를 범하게 된다. 최시형은 이 화두에 접근하는 다른 지문에서 "鬼神難形難測 氣運剛健不息 造化 玄妙無爲 究其根本 一氣而已"라고[4] 주석하며 무위에 접두어 현묘를 기입한다. 분기점(갱신)은 이 지(/시)점에서 촉발된다. 현묘와 결합한 무위는 무한한 잠재성을 잉태한 능동태로 질적 확산하게 된다. 우리는 다른 어떤 신과도 변별되는 유일한 지위를 얻는 동학의 동인으로 인격신을 제시할 수 있다. '사람이 곧 한울이니 사람 섬기기를 한울같이 하라(人是天 事人如天)'는[5] 강령은 가장 강력한 동학의 주문이다. 신과 인격의 동일체를 내면화한 이후 그 인간은 자신이 이 세계의 주인임을 직시한다. 그 깨달음은 무위적 인간, 더 나아가 현묘무위의 숭고한 인격체로 진화하는 원동력이 된다. 능동적 인격의 주체로 탈각하는 순간인 것이다. 말하자면 이후 '현묘무위'는 혁명의 안과 밖을 포괄하는 동학의 핵심 어젠다가 된다. 카프카와 그의 서사의 인물들이 그랬던 것처럼, 그것은 한 실존의 차원에서는 '무희망의 희망'의 다른 표현이다. 스피노자의 코나투스와 비견되는 이 개념의 코어를 관통하는 것은 생명의 원리를 실재에서 구현할 미적 레짐으로서의 생명 정치이다. 1894~1898년 기간 동안 최시형이 걸어간 길은 그의 생명 정치가 19세기 조선에 어떻게 기입될 수 있는가에 대한 가장 극적인 사건의 서사시로 각인된다. 그것은 한마디로 전혀 '새로운 한울' 전혀 '새로운 땅'에 정초할 전혀 '새로운 인민(들) 모두와 함께 또한 만물이 새로워지는 것'을 의미한다. '후천개벽'은 그러므로 먼 미래와 피안의 세계에서가 아니라, 지금-여기에 함께 이룩해야 할 새 나라의 이데아다. 그 '무희망의 희망'을 위해 그는 생명의 가치가 완전히 땅에 떨어진 시대에 35년이라는 인고의 시간을 초인적 의지로 극복하고 온몸으로 통과한다. 그 결과 그가 수행한 모든 사건의 기록은 그와 함께한 그의 동지들에게 화인처럼 깊이 각인돼, 이 땅의 생명 정치를 지속시키는 상징적 기표로 현존하게 된다.

동학

 인민 봉기는 동학을 통해서만 그 최종 심급에 도달할 수 있었다. 양자는 운명적 짝패로 견인된다. 인민 봉기로 승화되지 못한 동학은 그 의미를 현저하게 왜소화시킨다. 말하자면 최시형의 구체가 삭제된 최제우의 이상은 불가능하다. 최시형의 동의(/기포)가 없었다면 전봉준의 봉기는 고부와 그 인근 지역의 국지적 사건으로 종결되었을 가능성이 농후하다. 인고의 시간을 통해 단련된 최시형의 무위적 실천을 통해 동학은 조선 역사 최고-최대의 사건이 된다. 최시형이 1894년 4월 동학교도들의 열화와 같은 요청을 받아들여 기포를 결정하기까지 그의 시간을 면밀하게 추적해 보면 어떤 경이로움과 경건함마저 들게 한다. 영해 민란으로 폄훼되는, 1871년 이필제의 인민 봉기에 최시형은 침묵했다. 그것은 유명한 '아직은 때가 아니다'라는 묵언의 시위였다. 우리는 여기서 최시형의 정세 판단 감각을 추론하게 된다. 1827년 경주 동촌에서 태어난 그는 5세에 모친이, 12세에 부친마저 사망하자 누이동생과 함께 고아로 남겨진다. 17세에 제지소 등에 취직해 생계를 이어 가던 그는 19세에 혼인하게 되는데, 그 후 몇 생계를 지속하다 검골(검악산)로 들어가 화전을 일구고 연명하던 중, 1861년 동학에 입문하며 그의 삶을 송두리째 바꾼 최제우와 조우하게 된다. 그의 동학을 통한 삶의 경건성과 치열함은 최제우를 넘어서는 것이었을지도 모른다. 1863년 8월 자신의 운명을 예감한 최제우로부터 도통(道統)을 이어받게 되면서 이후 동학은 최시형에 의해 인민의 생활 속으로 깊숙이 밀착하게 된다. 급격하게 확장된 동학의 위세에 위기를 느낀 무능하고 부패한 민씨 정권과 특히 무지한 지역 유림들은 본격적으로 관군과 보부상들까지 동원하여 가혹한 탄압을 하기 시작한다. 이미 임진왜란과 병자호란을 통해 급격한 체제 붕괴 기미를 충격했던 16세기 이후 조선은 체제 이데올로기인 유교와 조선 유학의 모순이 한계에 도달해 18세기부터는 인민 봉기가 지속적으로 체제를 위협하고 있었다. 홍경래의 서북 봉기가 보여 준 인민 각성은 하나의 도화선이 되었다고 할 수 있는데, 권력 담당자들에 의해 임술민란이라고 불리는 농민 봉기는 1862년에만 무려 전국 37곳에서 37회 이상 일어났으며, 1880년대 이후에는 그 수가 급격히 증가하여 60여 차례 이상 일어난 경우도 있었다. 말하자면 동학은 그 봉기의 절정에 위치한다. 이필제의 영해 봉기(寧海敎祖伸冤運動)가 대표적 예라고 할 수 있다. 이 봉기로 최시형은 그의 동료들과 소백산으로 피신해 풀뿌리로 연명해야 했으며, 봉기에 참가한 동학교도 500여 명 중 200인은 참수되거나 귀양 갔고, 살아남은 300여 인은 유랑 걸식으로 연명해야 하는 비참한 지경에 이르렀다. 최고 리더로서 최시형의 고민은 그의 지혜만으로는 넘어설 수 없는 것이라는 통찰이 이 봉기 과정에 있었다. 사면초가의 적들과 싸워 생존해야 하는 그로서는 교조 신원 운동의 기치를 내건 이필제의 호소가 정의로운 경우까지도 동의할 수 없었다. 후천개벽은 더 긴 시간을 필요로 했기 때문이다. 그것은 그에게 '용시용활(用時用活),' 즉 때를 만나지 못하면 동학은 죽은 생명과 조금도 다르지 않다는 확고한 신념을 낳았다. 이 경험을 통해 그는 동학이 인민의 구체적 삶과 어떻게 밀접하게 호응할 수 있어야 하는지에 몰두한다. 피신 중에도 경전을 편찬하고(1880. 6), 단양 천동골에서 『용담유사』를 간행하며(1881), 그 과정에서 힘주어 강론한 핵심 테제인 '萬有(만유) 侍天主說(시천주설)' 'ns天食天(이천식천)' '向我設位(향아설위)' 등은 그런 인식을 배경으로 한다. 최시형을 통해 인민의 마음에 가장 낮은 자세로 접근한 동학은 온갖 어려움에도 불구하고 삼남 전역과 강원도, 황해도 등으로까지 조직을 비약적으로 확대하게 된다. 이 땅 인민의 오랜 생활 생존 조직인 '계'의 메커니즘과 밀착한 '포와 접'은 동학을 세력화하는 핵심 기제가 된다. 접의 규모는 대략 30~70인 정도로 구성되는데, 그 이상 될 경우 분할된 접을 하나로 묶어 대접주가 통할하며, 그 최종 위계에 법소를 두는 체계를 갖추었다. 신앙 조직으로 출발한 포-접 조직은 자신들의 요구를 관철시키기 위해 '교조 신원 운동'의 대의를 통해 교인들의 세를 결집시켰다. 이 과정에서 동학은 노비속량(奴婢贖良), 토호(土豪) 및 이서배(吏胥輩) 징치(懲治) 등 핵심 요구를 관철시켜 나가는 정치 운동으로 발전함으로써 궁극적으로는 조선 쇠망의 결정적 트리

거로 작동하게 된다. 동학 조직의 확대와 봉기로의 발전은 부패하고 무능한 민씨 정권의 최대 위기로 충격되었으며, 그 결과 청의 개입이라는 외세 의존을 낳았고, 청의 개입은 호시탐탐 기회를 엿보고 있던 일본의 자동 개입을 불러왔다. 그 결과 이 땅에서 벌어진 청일전쟁(1894)과 러일전쟁(1904)은 조선의 일본 식민화로 귀결되는 패착을 결과한다. 식민지의 결과는 외세에 의한 해방과 또 다른 유사 식민지화인 미군정, 남북 전쟁과 분단 체제로 이어지는, 현재와 미래의 삶까지 송두리째 저당 잡히는 불운하고 더러운 유산을 강제하게 했다. 우리는 여기서 주요한 문제를 상기하게 된다. 조선 유학의 경직성과 그것으로 이념화한 사대부(지식인)의 무능한 시대 인식과 리더로서의 무능 부패와 함께, 지금도 지속되고 있는 권력 담당 세력의 외세 의존성이 그것이다. 왜 이 땅 권력은 내부의 문제를 맹목적으로 외세에 구걸하는가. 단적으로 그것은 권력이 인민을 국가의 주체로 인정하지 않는다는 의미를 지닌다. 현재의 헌법은, 대한민국은 민주공화국이고, '모든 권력은 국민으로부터 나온다'고 명시하고 있지만, 권력이 작동하는 순간 그것은 공염불에 불과한 사문 조항에 가깝다. 동학의 이상과 구체가 '인민성'에 방점을 찍고 이를 특별히 강조한 것은 조선 유학과 권력이 이상으로 하는 실체가 차별을 바탕으로 한 소수 권력자만을 위한 국가였기 때문이다. '그들만'을 위한 국가에 인민의 일상과 미래는 없다. 동학이 무극대도를 모토로 후천개벽을 강력하게 주문할 때, 인민들의 열광이 하늘에 닿았던 것이 그것을 웅변한다. 창도 이후 동학은 순식간에 퍼져 거의 온 나라를 뒤덮었으며, 인민의, 인민에 의한, 인민을 위한 종교이자 정치이며 일상의 생명선으로 작동하기 시작했고, 그 결과는 그들만을 위한 권력(국가)과 필연적으로 대립하지 않을 수 없게 된다. 권력의 외세 의존성은 이때 필연적으로 발생하게 된 것이다. 인민의 마음을 얻지 못한 권력과 그 이념이 쇠망의 길로 가는 것은 필연이다. 그렇다면 조선의 지식인들은 왜 이 이념의 근본 문제를 거의 전면적으로 침묵한 것일까. 여기에 조선 유학과 그 지식인들의 근본 문제가 있으며, 그 질문은 바로 현재도 등가성을 띠고 있다는 의문으로 환원된다. 동학의 현재성은 여전히 유효한 것이다.

조선 유학의 근본 문제인 인간 차별의 현실적 과제를 동학이 주목한 것은 필연에 가깝다. 최제우의 경전을 통해 문제를 숙지한 최시형은 이를 뼛속까지 각인하고 실천하며 더 나아갔다. 그의 '사람이 곧 한울이다'라는 명제 속에는 실존적으로 천부인권을 넘어 사람으로 태어난 이상 누구도 차별받아서는 안 된다는 강력한 주문이 있다. 이를 '지금-여기에' 실천하는 것이 동학의 제일 교리이며 강령인 것이다. 동학은 조선 유학의 뿌리 깊은 퇴폐(경직성) 속에서 태어났지만, 그러나 그것의 외피를 완전히 벗지는 못했다. 사실 조선 유학의 핵심은 송대 후기에 이미 사양길에 접어든 주자학을 이성계의 쿠데타를 옹호하고 책사가 된 정도전 등 신진 사대부를 통해 그 이념 틀로 가져온 것이다. 시효성이 지난 시대 이념을 이식한, 윤리적 퇴행의 시대정신을 안고 출발한 이념적 한계를 조선 유학은 숙명적으로 안고 있다. 그것이 조선에서 꽃핀 데에는 정도전을 축으로 한 당시 젊은 지식인의 지적 한계를 포함한 몇 야심이 있었을 것이다. 최제우는 조선 유학의 퇴행과 퇴폐를 정확하게 응시한 후 당시 청조를 통해 유입된 천주교의 진리 체계를 열린 마음으로 수용함으로써, 도그마로 분칠된 조선 유학의 결함을 스스로 갱신한다. 뿐만 아니라 그가 세계를 주유하면서 직접 접한 다양한 신학문, 조선 인민의 유구한 민간신앙, 『정감록』과 미륵하생, 유학의 연장선상에서 익힌 노자와 주역, 풍수와 잡종 지식을 자신의 종교적 실제에 융합하는 지혜를 발휘한다. 그의 시대와 호흡하고자 하는 감각과 자질이 동학을 혼종성을 띤 인민 종교로 밀착하게 하는 원동력으로 작용했다. 그러나 또한 바로 이 자질이 동학을 지속적으로 현재형이게 하는 생명력의 원천이 되게 했다. 조선 후기 인민의 삶 속에 깊이 파고들기 시작한 종교는 '미륵하생'이었다. 미륵은 인민의 삶 속에 깊게 뿌리내린 계(契)의 핵심 메커니즘을 수용함으로써 인민 밀착성을 높였고, 특히 임진왜란과 병자호란 이후 급격하게 와해되기 시작한 신분제와 인간 차별의 문제가 노골적으로 인민 생활 전면에 권력의 한계를 넘어선 형태로 부각되기 시작했을 때 위력을 발휘했다, 샤먼과의 습합을 통해 인민적 정서를 이 땅에 오랫동안 체현해 온 미륵은 불교를 자신의 체형에 맞게 재구조화하면서 강력한 혁명성을 띤 인민 종교로 등장한다. 일제 군국주의를 몸으로 학습하며 익힌 박정희(다카키 마사오)가 유신을 통해 거의 전제 왕권과 유사한 권력을 거머쥔 뒤, 계속되는 폭정으로 질식당해 있던 70년대 남한 지식사회에서 『장길산』에 열광한 것도 이 문제와 관련이 깊다. 작가는 정석종의 연구를 자신의 서사에 체화하는 과정에서 이 소설의 최종 심급에 70년대 지식인과 청년들의 시대감각을 정확하게 체현해 내는 소명을 발휘한다. 소설에서 장길산을 비롯한 주요 인물들은 조선 후기를 '말법(末法)의 시대'로 규정함으로써 "외적으로부터 나라를 지킨다는 일차적 뜻에서 나아가 도를 잃은 지 오래인 조정을 갈아엎어야 한다는 데 의견이 모아지게"[6] 된다. 그 의지를 추동하는 동력은 단연 미륵의 이데아적 원형에서 온 것이다. 따라서 그들이 생각하는 "미륵대성은 지금 우리와 함께 계시"며, "부처님 뒤에 오시는 새 부처, 중의 부처가 아니라 상것들의 부처"로 곧 "미륵님은 저 산위에 절에만 계시는 게 아니라, 여러분이 새벽에 정화수를 길어다 비는 집안 뒤뜰, 우리 어버이 할아버지 그 이전 오래전부터 온 백성들이 하소연할 데 없어 답답할 때, 의원 못 불러 아플 때, 억울하고 슬플 때, 집안 경사로 기쁠 때, 어쩌면 미륵님은 저 들판 가운데 밭고랑이나 동구 밖 산모퉁이 길가에, 엇비슷한 돌멩이에 대충 도끼로 쪼아져서 아무렇게나 계시는 것인지 모르지요." 그러나 그 "미륵님이 오실 적에는 이 세상의 모든 고통이 끝나게 되어 있습니다." "재난과 횡액, 가난과 외로움의 고통을 받는 사람, 다른 사람에게 종이 된 사람, 속세의 법률에 속박을 받거나 형벌을 당하여 죽게 된 사람, 여덟 가지 재난의 업을 지어서 큰 괴로움을 받는 중생들을 보고 저들의 고통을 구제하여 벗겨준 사람, 서로 이별하고 패를 갈라 싸우고 송사를 일으켜 고통 받는 중생들을 좋은 방편으로 화합시키는 사람, 이런 이들이 미륵님과 만날 인연을 가지고 있습니다." 그리하여 "미륵님은 이미 우리와 함께 계시지만 우리의 실행이 없고서는 부처님도 용화세계도 이룰 수가 없습니다. 當來下生이신 미륵님은 우리 백성들이 이런 말법의 세상에서 맥없이 고통만 당하다가 나중에 죽은 뒤에야 극락에 가도록 하시는 분이 아닙니다. 바로 이 세상을 바꾸어 놓으라 하셨고 그때 오셔서 함께 이루겠다는,"[7] 즉 "이제부터 여러분의 마음속에 새로 올 것은 모두 미륵입니다. 여러분이 새로워지면 미륵님은 반드시" 우리가 함께 숨 쉬고 호흡하며 함께 고통을 나누는 일상의 '현신(現身)' 혹은 '진인'으로 묘파된다. 우리는 이 레토릭에서 동학 교리의 이면을 엿볼 수 있다. 이 서술의 원본이 되는 『추안급국안(推案及鞫案)』을 면밀하게 분석하는 과정에서 정석종은 조선 후기에 역동적으로 전개된 다양한 변혁 세력의 운동성에 주목함으로써, 이 사건이 단순한 역모 사건이 아닌 체제 전복의 조짐이 확산돼 가던 시기 인민의 '미륵하생'을 통한 변혁 결사 운동의 일단이었음을 간파한다.

인간을 주체적 의지를 지닌 최고의 인격으로 명문화하고 있는 동학의 미덕은 최시형에 이르러 특히 두드러지게 강조된 '내가 곧 한울이다(吾心卽汝心, 天心卽人心)'라는 인격신에 대한 강조와 '천지만물이 한울님 아닌 것이 없다(天地萬物 莫非侍天主)'로 계시되고 있는 자연신에 대한 적시로 요약된다. 이 명제가 포괄하고 있는 천부인권으로서의 평등주의는 조선 유학의 폐부를 관통하는 혁명적 정서로 수렴된다. '무위자연(無爲自然)'의 범주 안에 있는 이 명제는 스피노자의 '신즉자연(神卽自然, Deus sive natura)'과 긴밀하게 교호한다. '신의 섭리는 자연의 질서 외에 아무것도 아니다'라는 명제로 압축되는 『신학 정치론』을 관통하는 스피노자의 신관은 17세기를 지배하던 부패한 기독교에 대한 전면적인 도전이자 부정이다. 그때 그의 신은 자연과 등가화된다. 그에게 자연은 대상으로서의 자연까지를 포괄한 상태, 즉 정서의 문제로 수렴된다. 우리는 스피노자가 스스로 예속을 벗어난 주체적 인간이고자 했을 때 발동하는 코나투스의 문제를 매우 중요한 화두로 그의 『에티카』를 전개하고 있다는 사실에 주목한다.

> 하나의 집, 고장, 지방 등이 있다고 하자. 그것들은 현실화가 이루어지는 실제적 지리적 사회적 환경들이다. 그것들은 전체건 부분이건 내부로부터 근원적 세계들과 연결되어 있다. 우리는 그것을 그들의 비정형적 특성 때문에 알아볼 수 있다. 그것은 순수한 바탕, 혹은 밑그림이나 낱개의 조각 같은 형태화되어 있지 않은 재료로 이루어진 바탕의 부재이며, 그 위로 구성된 주체와는 아무런 관계가 없는 비형식적 기능들, 역동적 행위나 운동이 오가게 된다. 그것의 인물들은 짐승들과 같다. 사교계의 인물은 맹금이고 연인은 양이며 빈민들은 하이에나와 같다. 그 이유는 그들이 어떤 모습이나 행동을 보여서가 아니라, 그들의 행동이 인간과 짐승의 구분에 앞서기 때문이다. 그들은 인간-짐승이다. 거기서 충동은 바로 근원적 세계의 조각들을 지배하는 에너지이다. 충동과 조각들은 엄격하게 상관적이다. 물론 충동에도 지성은 담겨있다. 충동은 심지어 각자로 하여금 자신의 몫을 선택하고 자신의 순간을 기다리며 자

신의 동작을 지연시키게 하는, 그리고 각자가 자신의 행동을 가장 잘 실현할 수 있도록 계획을 세우게 하는 악마적 지성마저 가지고 있다. 그것은 또한 전체를 그러모으는 집합이다. 어떤 조직 속에 모으는 것이 아니라, 모든 부분들을 하나의 거대한 쓰레기장 또는 개펄로 집중되도록 하고, 모든 충동을 어떤 거대한 죽음에의 충동으로 수렴되도록 하는 것이다. 그러므로 근원적 세계는 급진적 시작인 동시에 절대적 종결이다. 그것은 매우 특수한 폭력의 세계이다.[8]

라고 들뢰즈가 그의 『시네마 1』에서 언술할 때, 그 근원적 바탕을 포획하고 있는 것은 스피노자의 '충동 모티브'다. 그것은 스피노자의 자연주의에서 온 것이다. '특수한 폭력의 세계'로 진입하고야 마는 자연주의의 본질은 인간의 주체적 욕망이 발현되는 특별한 시간과 함께한다. 그리고 그것의 정치적 종결은 인민주의(혹은 평등주의)를 향한 열망과 행동을 통해 기필코 혁명으로 나아간다.

인민 봉기

조선 전체를 통틀어 가장 강력한 인민 혁명은 홍경래 등이 주축이 된 '서북 봉기'(1811)와 전봉준 등이 주도한 이른바 '동학혁명'(1894)이다. 인간에 대한 근원적 차별과 국가 지속 이유에 대한 전면적 회의에서 둘은 서로 밀접한 관계를 띠고 있으며, 궁극적으로 조선 쇠망에 결정적 타격을 가한다. 역설적이게도 조선 쇠망의 결정적 촉매로 작동한 조선 유학은 그 점에서 실패한 이념이다. 가령 조선 유학이 도달한 최고의 경지로 평가되는 '성학십도'는 이황이라는 한 체제주의 학인이 인간 차별과 신분 차별을 바탕으로 거의 모든 특혜를 누리며 도달한 유학공부의 최고 성과로 추앙되지만(주자학을 근저로 한 '사단칠정四端七情'과 그에 준거한 '주리론主理論'), 엄격한 의미에서 그가 '내밀하게' 집적한 축재(두 번에 걸친 정략적 혼인, 치밀하고 다양한 방식으로 축재한 토지 약 3095두락[35만 평], 자신의 노비와 평민의 혼인을 이용해 교활한 방법으로까지 확보한 367인에 달한 노비)와 그것을 '치밀하게' [자식에] 분배한 노력과는 아무런 상관이 없는 것이다. 거칠게 말해 그것은 궁극적으로 자기기만이며, 한편 조선 유학이 공허하게 설정한 높은 이상과 성인됨의 위계에서 근본적인 자기 갈등과 모순을 낳는다. 사고의 근원적 모순과 갈등은 현실의 근원적 모순과 갈등으로 내면화된다. 그러니까 조선 유학의 궁극은 — 창제 100여 년이 지났음에도 훈민정음이 한문을 대체해 조선의 보편 언어로 자리 잡지 못했음을 이황의 한문 문건들은 명확하게 증거한다 — 그 언어를 공유한 소수 독점 권력을 위한 위선적 에티카로만 기능했다. 전체적으로 조선은 고려에 견주어 오히려 인민의 일상적 역동성이 후퇴했던 사회이다. 그 결과가 '왜'로 얕보던 일본에 두 번이나 잔혹하게 식민지화되는 전무후무한 역사의 오점을 남기고, 현재도 지속되는 고통의 주요한 상흔이 된다. 그럼에도 불구하고 조선 유학에서 이 근본 문제는 성찰의 핵심 대상이 된 적이 없다. 역사적으로 두 번에 걸친 일본과의 전쟁은 한반도에서 경험한 가장 잔인하고 잔혹한 그것으로 평가된다. 두 전쟁이 그랬던 근본적 이유는 사대부로 지칭된 소수 엘리트 권력 집단이 위기 대응에 전혀 무책임, 무능했을 뿐 아니라(왕은 도주, 사대부는 투항), 대응 방식이 조선 유학의 이상과 달리 철저하게 외세 의존적이었기 때문이다. 임진왜란 기간은 명에, 일제강점기 전후에는 청과 왜에 처절하게 구걸함으로써, 권력 담당 세력은 현실 위기에 투항하거나 도주하기에 급급했다(권력 집단의 이 행태와 유산은 패턴화 돼 권력 담당층의 미국 의존은 거의 기생에 가깝게 현재도 유사·반복되는 고질병으로 자리한다). 조선에서의 인민 봉기는 근본적으로 양반과 인민의 차별과 분리에서 오는 필연적 결과라고 할 수 있다.

헤아릴 수 없을 만큼 많은 봉기가 조선에서 명멸했는데, 그 최종 심급에 동학 인민 봉기가 있다. 동학혁명은 대체로 1894년 1월 전봉준이 주도한 고부 봉기를 단초로 그해 12월까지 진행되었으며, 이로 인해 청일전쟁(1894)과 러일전쟁(1904)이 한반도에서 차례로 전개돼 청의 한반도 축출과 러시아의 남하를 저지하고 일본이 동아시아 맹주로 부상하는 계기를 촉발했다. 조선 내부적으로는 급격한 신분제의 해체와 함께 일제 식민지화로 인민 삶의 피폐화가 전면화되기 시작했으며, 이른바 일본을 통해 오역된 서양의 제도와 양식이 급속하게 침투되기 시작하는 근인과 원인이 되었다. 동학 인민 봉기는 일차적으로 역사의식과 정치적 비전이 전무한 외세 의존적 권력 집단에 대항해 생존의 자구책으로 일어난 것이다. 전체적으로 동학 봉기를 주도한 것은 전봉준이었지만, 그것을 지속 가능하게 한 동력은 동학이었으며, 동학의 중심에는 최시형이 있었다. 관련 기록을 면밀하게 추적해 보면 최시형은 '용시용활(用時用活)'이라는 무위적 덕성을 통해 봉기의 적시를 여러 번 제기하고 있는데, 아마도 이필제의 봉기(영해 민란) 후유증이 깊이 작용했을 테지만, 봉기의 결과가 가져올 조직의 와해와 미래를 가장 걱정했던 것처럼 보인다. 그것은 역으로 그가 혁명의 지도자가 되기엔 미흡했다는 것을 암시한다. 그는 혁명에 대한 꿈이 크지 않았다. 그러나 혁명의 이상이 그의 이데아로 내면에 잠재하고 있었거나 그렇지 않았거나, 그의 비극은 피할 수 없는 것이었다. 그것이 그의 내면을 무위라는 '무희망의 희망'으로 단련하게 했다. 당시 조선 지식인의 역량으로 세계정세를 정확하게 판단할 수 있는 사람은 거의 없었다. 18세기 이후 전면화된 서구 제국의 팽창주의는 자본주의를 짝으로 거느림으로써 정치 식민지화와 경제·문화 식민지화를 동시다발적으로 식민지에 이식하는 것이었다. 좀 더 정확하게, 그러니까 일본의 전면적 서구 투항과 짝퉁 근대화는 에도막부 말기 서남 내전과 무진 반란에서 승리한 하급 무사들의 '군국주의 근대화'로 압축할 수 있다. 조선이 일본에 수탈당하는 핵심에 이 군국주의 근대화 이념 이식이 있었다. 일본 식민지화가 어느 정도 자치권이 부여된 과거 중국의 연장선상일 것이라고 오판한 조선 사대부들은 궁극적으로 토지조사사업과 식산은행을 통해 경제 문화의 유린과 마침내 언어 식민지화를 꾀하는 것에 정신적 아노미를 경험하지 않을 수 없었다. 이 사태 앞에 대부분의 조선 지식인 사대부들이 한 것은 백기 투항, 그러니까 이광수나 서정주 등이 창씨개명 후 한 비루한 변명처럼('내가 친일한 것은 조선이 영원히 일본 식민지에서 벗어날 가능성이 없다고 판단했기 때문'), 속국의 인민이 되기로 체념하는 것이었다. 조선 지식인들의 한계는 거의 명백한 것이라고 할 수 있다. 최시형 역시 그 한계를 벗어난 것은 아니다. 결과론이지만, 그가 지원한 동학 인민 봉기가 일본과 청·러의 개입을 통해 전쟁으로 비화할 것이라고 예상하기는 쉽지 않았다. 더구나 그는 조선 유학이 뿌리 깊이 간섭한 생활 예법의 범주에 있었다. 차별이 국가 전복으로 이어질 가능성은 거의 없었다. 그가 봉기를 승인하고 나가 싸운 것은 그러므로 거대한 흐름 속에 역동적으로 전개되던 시대의 운명에 그가 부응하기로 결정한 결과였다. 동학혁명에 주체적이며 급진적으로 개입한 전봉준이 중요한 인물로 부각되는 결정적 이유가 된다.

주지하듯이 동학혁명은 1894년 1월 전봉준의 고부 인민 봉기가 최초의 도화선이 되었다. 그 봉기를 주도한 것은 전봉준이었지만 사발통문에는 송두호, 정종혁 등 20인이 함께 기포한 것으로 표기돼 있다. 더 중요한 것은 봉기의 대의가 '고부성을 점령하고 조병갑을 목 베어 죽일 것,' '군기고와 화약고를 점령할 것,' '군수에게 아부하여 인민을 침탈한 탐리를 엄하게 징벌할 것,' '전주 감영을 함락하고 서울로 곧바로 진격할 것'에서 확인되듯 구체적이고 치밀하며, 무엇보다 체제 혁명적 성격을 띠고 있다는 점이다. 고부 농민 봉기는 그러나 이후 2개월여를 끌다 내부 갈등 등이 겹쳐 3월 초 해산하기에 이른다. 2월 전봉준이 전라도 각 지역에 봉기할 것을 촉구했지만, 동의를 얻지 못했고, 그전에 '무장 회동'에서 가장 큰 규모의 농민군을 거느리고 있던 손화중의 동참을 끝내 이끌어 내지 못한 요인이 결정적으로 작용했다. 그러나 해산은 곧 위기와 죽음을 의미했다. 안핵사 이용태는 역졸 800명과 보부상을 동원해 동학도 재산을 강탈하고 그 집들을 불태웠으며 아녀자를 겁탈했다. 쓰라린 회한을 안고 3월 남아 있는 소수의 농민군을 이끌고 손화중에게 몸을 피한 전봉준은 다시 한 번 봉기의 당위성을 역설한다. 실질적인 동학 인민 봉기는 전봉준과 손화중이 뜻을 모은 무장 기포로부터 출발한 것이라 할 수 있다. 우여곡절 끝에 손화중과 3월 20일경 창의 격문을 포고한 후 무장현을 출발한 두 리더는 21일 고창현, 22일 홍덕현, 23일 부안현을 거쳐 고부군을 점령한 후 24일에 백산에 진지를 구축한다. 이 과정에서 두 리더는 전라도 각 지역에 봉기에 동참할 것을 강력히 촉구한다. 이에 호응한 태인현의 김개남이 휘하의 농민군을 이끌고 백산에 집결했다. 백산의 농민군은 8,000여 명으로 불어났다. 이에 연합 농민군은 3월 25일 총대장 전봉준, 총관령 김개남 손화중, 총참모 김덕명 오시영, 영솔장 최경선, 비서 송희옥 정백현의 지휘 조직을 완성하고 행동 강령으로 보국안민, 척왜척양 등의 4대 명의(名義), 이에 따른 12개조의 군사 행동 기율을 발표한다. 한편 3월 23일 진산현에서 서장옥 휘하 농민 일천여 명이 기포하여 전주 방향으로 진군하던 전봉준과 회합코자 했으나 금산현에서 보부상에게 114명이 몰살당하는 화를 입는다. 허약한 전투력과 전략의 한계가 농민군 최대의 과제라는 것을 여기서 일러 준다. 전주 감영을 탈환하기 위해 진군하던 농민군은 전라도 각 고을에서 징발한 향병, 보부상을 포함 2,000여 명의 군사 외에 1만여 명의 관군이 투입된다는 소문에 약간 위축되었으나 전열을 재정비하는 한편 무리를 3대로 나눠 1대는 부안현 서도면 부흥역으로, 2대는 태인현 인곡 북촌 용산으로 남하했으며, 다른 1대는 원평에 임시 잔류하기로 결정한다. 원평에 주둔하던 전봉준의 농민군은 부안 손화중의 농민군과 합류 부안현을 점령한다. 다시 농민군은 4월 6일 도교산(황토산)에 진지를 구축한다. 김개남군이 이때 합류한다. 농민군 남하 정보를 입수한 전주의 중군 역시 황토재 아래 진지를 구축한다. 지형지물과 매복 등의 전술을 활용한 농민군이 관군의 기습을 예상하고 3대로 나눠 협공한 후

격퇴한다. 관군과의 첫 전투에서 승리한 농민군은 기세를 업고 전주 감영을 향해 남하하는 전략을 취했는데, 이는 경군이 전주 감영에 들어와 있다는 정보와 함께 나머지 전라도 일대 농민군에 동참하라는 무언의 메시지를 담고 있었다. 실제 전투 과정에서 경군은 농민군이 전주 감영을 접수한 이후인 7일께야 전주에 도착했고, 그 가운데 200여 명은 농민군과 싸우기도 전에 12일 군진을 이탈하는 사건이 발생했다(이는 조선 군사 체계의 근본적인 문제가 말단에서 반복·재현된 일례다. 전시나 위급 시 징발하거나 동원되는 형태를 띤 군사 체계는 크고 작은 전쟁을 겪고도 혁파되지 않았으며, 그 핵심에는 지배 세력의 중추인 왕과 사대부의 무능·부패한 현실 인식이 자리하고 있다). 농민군은 이 과정에 나주 관아와 초토사 홍계훈에게 봉기한 당위를 밝히는 문건을 보냈는데, 그 속에는 8개 항의 폐정 조목을 구체적으로 적시하고 있다. 그 과정에 이학승이 지휘하는 경군 선발대 300여 명이 월평리에 집결해 있던 농민군을 공격함으로써 황룡촌에서 최초의 격전이 벌어진다. 50여 명을 잃은 농민군은 삼봉으로 후퇴한 후 지형지물을 이용한 재공격으로 관군을 격퇴한다. 사기가 오른 농민군은 전열을 재정비한 후 전주성을 향해 북상한다. 4월 25일 금구, 원평에 이른 농민군은 관군을 위로하기 위해 내탕금을 지니고 온 선전관 이주호, 이효응, 배은환 일당을 체포한 후 공개 처형함으로써 대정부 투쟁 의지를 대내외에 강력하게 과시한다. 다음 날 농민군은 전주 삼천까지 진격한 후 전주성 공략 준비를 다진다. 4월 27일 전봉준의 지휘 아래 농민군은 마침내 전주성으로 무혈입성한다. 전주성에 입성한 이때가 바로 농민군 최대의 성과이자 최후의 성과였다. 무능하고 부패한 민씨 정권은 4월 28일 민영준 등이 청군 개입 요청을 주장하자 고종이 4월 29일 원세개를 통해 청군 파병을 정식 요청한다. 이에 호응하여 5월 2일부터 7일까지 2,500명이 아산만으로 들어온다. 호시탐탐 제2의 정한론에 부풀어 있던 일본은 제물포조약을 내세워 6일부터 12일까지 6,300명의 신식 무기로 무장한 왜군을 자의적으로 인천에 급파한다. 이제 민씨 정권은 안으로 농민군을 진압하고 밖으로는 청·일군을 물리쳐야 하는 이중의 과제를 스스로 자초하게 됨으로써, 패망의 결정적 뇌관을 장착하게 된다. 전주성 입성 후 5월 3일까지 거의 매일 홍계훈의 경군과 전투가 벌어진다. 홍계훈의 관군은 경군, 증파된 강화영병, 감영병 등 1,500여 명의 군사로 농민군과 대치하고 있었다. 첫 번째 전투에서 농민군은 패배했다. 29일, 5월 1일의 전투에서도 패배했으며, 최대의 격전인 3일의 전투에서 용장 김순녕, 아기장수 이복용을 비롯 500여 명의 사상자를 내고 전봉준 역시 허벅지에 총상을 입은 채 성안으로 물러난다. 이 전투 후 농민군은 최대 위기에 봉착하게 되는데, 그 결과 홍계훈과 전봉준 사이의 협상이 은밀하게 오가다 5월 8일 이른바 '전주 화약(全州和約)'이 맺어진다. 그 결정적 계기는 청·일 군대의 조선 진입으로 인한 위기의식과 관계한다. 사면초가에 몰린 정부가 농민군에 간계를 쓴 것이라 할 수 있다. 농민군 역시 최대 위기에서 벗어날 절호의 기회이긴 마찬가지였다. 최시형의 동학교도들에 대한 봉기의 명은 말하자면 전봉준의 봉기로 촉발된 농민군의 전주성 점령 전후의 국내 정세에 대한 인식이 바탕하고 있다. 그가 일본의 군국적 근대화의 수준, 조선과 청이나 러시아 등과의 역학 관계를 어느 정도 간파하고 있었는지는 미지수다. 그렇기 때문에 그의 기포는 동학 교도의 강한 압박과 농민군의 발흥에 부응한 측면이 더 강하다. 기포 후에도 최시형의 동학군 조직은 전봉준의 주력 농민군과 비교하면 약세라 할 수 있고 전투력도 강하지 않았다. 사실 각각의 농민군, 혹은 동학군은 어느 정도 자율적 조직이 연합한 형태로 필요에 따라 이합집산을 거듭했다. 그렇더라도 최시형의 농민 봉기 참여가 동학교도들뿐만 아니라 유사한 조선의 인민들에게 가장 큰 봉기의 도화선이 된 것은 부인하기 힘들다.

전주 화약 이후 9월 재봉기까지 약 3개월 정도 '집강소'라는 지역 자치의 기간이 주어지는데, 이는 인민 봉기가 중간 결과한 주요한 성과로 판단된다. 전주성에서 퇴각한 농민군은 이후에도 해산하지 않고 전봉준의 1대는 금구와 김제를 거쳐 태인에, 손화중의 1대는 무장 등으로, 김개남의 조직은 순창 무안 보성 등 전라도 일대에서 세 규합을 지속했다. 이 과정에서 이들은 전주 화약을 확인하는 신변 보장과 폐정 개혁 실행을 관에 계속 요구했다. 6월 7일 김학진은 농민군의 요구에 대한 수습 방안 중 하나로 집강안을 제시함으로써 마침내 전봉준과 김학진이 7월 6일 전주 회담을 갖기에 이르게 되는데, 여기서 각 군 현에 집강소(執綱所, 지금의 면 리 단위 행정 실무자인 집강執綱을 해당 지역 인민들이 직접 선출함)를 설치 운영하기로 하는 합의가 이뤄졌고, 주로 전라도 중심으로 53개소에 달하는 자치 기구가 구체화되었다. 그러나 그 실정은 현격한 차이를 드러내, 농민군이 통치권과 치안 기능까지를 장악한 지역이 있는 반면, 지역 유림(거의 부패한 토호 세력)이나 기득권을 지닌 지배층이 집강소를 장악하거나 아예 집강소 자체를 거부하는 사례도 있었다. 짧은 시간이었지만 집강소는 인민이 스스로 자치를 통해 주인 되는 시간을 경험한 소중한 사례로 평가할 수 있다. 관의 이런 간계 역시 6월 21일 일본군의 경복궁 기습 점령 사건이 파장한 결과와 무관하지 않다. 일본의 정한론이 현실로 구체화되는 것을 직감한 정부와 민씨 정권은 얕은 간계로 국면을 벗어나려 했다. 그러나 주도면밀하게 기획된 정한론을 위한 최적의 호기라는 것을 간파한 일본은 청일전쟁을 통해 조선 식민지화와 대륙 정복의 야욕을 더 주도면밀하게 노골화하기 시작한다. 그 첫 단추가 조선 국왕을 볼모로 정부를 장악한 후, 아산에 주둔한 청국군 축출을 일본군에 의뢰케 해, 결과적으로 청일전쟁을 유도한다는 계략이었다. 6월 17일 일본은 청과 맺은 모든 조약을 파기하고 청군을 조선에서 철수시켜 조선이 자주독립국임을 실증하라는 최후통첩을 무능·부패한 정부에 보낸다. 말하자면 받기 어려운 굴욕적 통첩에 불응하자 경복궁 점령이 단행되었고, 23일에는 계획한 계략대로 풍도의 청군에 기습 공격을 개시한다. 거의 무방비 상황에서 1천여 명의 병력을 잃은 청군은 아산 성환 전투에서 다시 패퇴한다. 8월 17일 본격적으로 맞붙은 평양 전투와 대동강 앞바다 해전에서 일본군 12,000명, 청군 20,000명이 격전을 벌인 가운데, 궤멸당한 청은 조선에서 완전히 철수하게 된다. 이를 기회로 일본은 9월 봉천, 10월 여순, 12월 산동반도를 차례로 점령하면서 계획했던 조선 식민지화와 대륙 진출을 동시에 거머쥐게 된다. 청일전쟁 결과 조선은 '조일공수동맹조약(朝日攻守同盟條約)'과 '갑오개혁'이란 계략 아래 군국주의 실현을 위한 완전한 일본 병참 기지화와 자본 식민지화로 전락하게 된다. 일본의 노골적인 내정간섭에 의한 반일 감정의 격화로 전국적인 봉기가 일어난다. 일본의 조선 침략에 위기를 느낀 7월 이후 인민의(사대부나 유림이 아님) 전국적인 봉기가 일어난다. 7월 6일 충청도 노성 농민 봉기를 필두로 14일 곤양, 17일 연기 한산, 28일 사천, 8월 1일 공주, 2일 산청, 7일 고성, 10일 영천, 20일 울산 언양 김해, 12일 천안, 21일 충주, 24일 안동, 29일 문경 등에서 일어난 봉기는 일본군과 대적하는 한편, 일부는 일본군을 살해하기도 한다. 전봉준의 정세 신중론과 달리 김개남은 이 시기를 전후로 가장 강경한 입장을 취한다. 이와 관련해 주목되는 것은 동학군과 삼남의 유생들에게 고종의 명으로 전달된 대원군의 밀지에 담긴 계략이었다. 대원군은 일본을 몰아내기 위해서는 농민군 지도자와의 협력이 절대적이라고 판단했다. 그러나 대부분의 유림들은 대원군의 간절한 호소에도 농민군과 행동을 같이 할 수 없다며 호응하지 않았는데, 특히 양석중의 '전봉준과 김개남은 모두 명분상으로는 나라를 위하는 마음에 위탁했지만, 실은 호랑이와 낮도깨비의 기운을 타이르고 까마귀를 모으고 개미 무리의 도움을 얻어 제멋대로 하고자 하는 데 있다. 향기 나는 풀과 악취 나는 풀은 가히 같은 그릇에 담을 수 없다'라는 폄훼는 여전히 부패하고 무능한 지역 유림들의 정서를 엿볼 수 있는 것으로, 조선 망국의 실체를 정확하게 확인시켜 주는 사례다. 한편 전국 각처의 자발적인 농민 봉기에 주목한 농민군 리더들은 크게 호응해 재봉기를 준비하기 시작했는데, 8월 초 금구 삼례 등의 농민군은 여산의 화약 총탄 창검을, 16일 농민군 100여 명이 위봉산성의 무기와 물품을, 10일 태인, 14일 김제, 17일 고산, 18일 금산 전주에서 군수물자를 포획한다. 김개남의 농민군 역시 9월 8일 재봉기 의식을 치른 후 남원 등 인근 지역에 군수물자 징발의 명을 내리고 감사 김학진 앞으로도 군수물자 징발에 협조하라는 공문을 보낸다. 9월 18일 전봉준은 전주, 진안, 고창, 무장 등의 농민군에게 일본군을 물리치고 거류민을 추방하기 위해 기병하자는 격문을 보낸다. 이에 발맞춰 전라도 및 충청도 농민군이 각 군현의 무기고를 열고 무장한다. 9월 재봉기를 통해 전투력을 갖춘 농민군은 10월 12일 서울 탈환을 목적으로 북상을 하기 시작한다. 최시형의 농민 봉기에 대한 가장 적극적인 표현이 나타난 것도 이 시기를 전후해서다. 농민 봉기와 동학의 관계를 별개로 인식하거나 긍정하는 경우까지도 봉기를 주도한 것은 전봉준을 비롯한 남접이었다는 주장, 참여한 경우에도 손병희를 통해 북접을 지휘한 최시형의 역할은 미미한 것으로 판단하는 요인이 되기도 하는 문제의 한계 내에서, 9월 봉기에 적극적으로 개입한 최시형의 판단 이면에는 정세 판단 이상의 다소 복잡한 함의가 있다. 이번에도 참여를 하지 않을 경우 동학의 이미지 재고에 심대한 타격이 있을 것이라는 내심이 그중 하나다. 특히 척왜(斥倭)가 절대적으로 요구되는 시점에 동학이 이를 외면하기 어렵다는 점, 대원군의 밀지로 정부와 농민군 간 일정한 거래가 있었던 점이 다른 요인으로 분석된다. 9월 18일 보은 청산에서 기포령을 포고한 최시형은 손병희에게 통령기를 내리고 '우리 도의 대원을 실현하라'는 명을 하달한다. 이에 호응해 전봉준과 손병희의 동학군이 10월 15일 논산에 합류하여 북상하게 되며, 김개남은 남원을 출발해 전주에 도착한다. 이 상황을 가장 예민하게 주시하고 있던 일본은 즉시 꼭두각시 정부로 하여금 진압 결정을 압력하게 되는데, 그 결과 14일에 농민군 무력 진압 결정을 내림과 동시에 21일 '양호도순무영'을 설치하고 그 최고사령관에 신정희, 선봉장 이규태를 임명하며, 이들 휘하에 통위영과 교도대 소속 3,400명이 배치된다. 이미 상황을 완전 장악한 일본은 10월 9일 1개 대대 병력을 인천에 상륙시킴과 동시에 관군과 농민군 토벌에 들어간다. 이는 일본의 치밀한 계략에 의한 것이다. 식민 통치에 가장 큰 걸림돌이 될 싹을 사전에 완전히 잘라 버리겠다는 것과 함께, 식물 정부를 조종하는 위계를 다양한 방식으로 시험해 보는 사례로서도 의미가 컸기 때문이다. 이런 정세를 정확하게 알지 못했던 봉기의 주축 세력에게 패배는 예고된 것이라 할 수 있다. 북상하던 농민군은 10월 23일 공주 전투에서 관군과 일본 연합군에 패했다. 24일에는 전봉준의 주력군이 효포에서 공방을 벌였다. 25일 전봉준은 다시 웅치를 공격했다. 그러나 관군과 일본 연합군의 강력한 방어에 밀려 경천으로 후퇴한다. 11월 초 전열을 정비한 농민군은 관군 일본 연합군과 공주 우금치에서 전면전을 시도한다. 농민군은 다시 전열을 정비

11월 8일 공주성 2차 공격을 시도했다. 사실상 동학 농민군에 결정적인 타격을 입히고 와해시키는 계기가 된 우금치 전투는 9일 벌어졌다. 공주성을 사이로 하고 농민군은 동서남 삼면으로 30리에 이르는 포위망을 구축했다. 공방은 40여 차례에 이를 정도로 치열했으며, 양쪽 모두에서 각각 다양한 전략 전술을 동원했다. 그러나 이미 농민군에 대한 정보를 거의 장악하고 있던 관군과 일본군의 조직적인 대응에 농민군은 패할 수밖에 없었다. 외세와 결탁한 정부의 자기 발등을 찍는(일본의 간계에 농락당하던 정부와 그 세력들은 사분오열 되어 이후 식민지 주구로 전락한다) 시대 인식의 한계가 결정적으로 작용했지만, 과거와 달리 혁신적으로 진화된 근대적 군대 시스템으로 무장한 일본군에 농민군은 처음부터 전투의 상대가 될 수 없었다. 무엇보다 자발적 형태로 결집한 농민군은 느슨한 연합의 형식을 취하고 있었으므로 역량과 전투력을 총결집하고 전략적으로 높은 단계의 전쟁을 수행할 능력이 현저히 낮았다. 북접으로 불린 최시형의 동학군은 이 봉기 과정에서도 주력군으로서보다는 사이드에서 움직였다. 거의 와해 단계에 이른 농민군은 남하하면서 크고 작은 전투를 치렀지만 사상자만 속출하였으며, 11월 19일에는 9월 재봉기의 원점인 전주까지 밀려났다. 여기서 전봉준과 손병희는 고부 방향으로, 김개남은 남원 방향으로 다시 편대를 분산한다. 이 과정에서 25일 금구, 원평 접전이 벌어졌고, 27일에 다시 태인에서 사력을 다한 전투를 치렀으나 패배하고 농민군은 사실상 와해된다. 27일에는 광주를 점령하고 있던 손화중과 최경선이 이 소식을 접하고 자신의 농민군을 해산한다. 판세의 불리를 직감한 손병희는 퇴각하는 과정에서 임실 길담에 은거하고 있던 최시형과 만나 관군과 일본군의 표적을 벗어나기 위한 도주 계획을 세운 후 장수, 무주를 거쳐 북상 도중 12월 9일 황간현을 일시 점령한 후 무기를 탈취하고 영동으로 향한다. 영동 용산에서 상주 유격병, 청주 영병 등과 전투를 치러 격퇴시킨다. 다시 최시형의 동학군은 12월 12일 북상 도중 청산을 점령한 후 보은으로 들어가 관아를 점령한다. 18일과 19일 관군의 기습으로 동학군은 많은 희생자가 발생한다. 12월 22일 충주 외서촌 되자니에서 이미 진을 치고 대기하고 있던 일본군과 격전을 치른다. 이 전투 후 최시형은 24일 자신이 지휘하던 동학군의 해산을 결정한다. 1895년 1월 4일 충주 외서촌 무극리에서 일본 정찰대의 추격을 뿌리친 최시형은 이천 이목정, 강원도 부론을 통과해 다시 1월 하순경 인제로 피신한다. 여기서 그는 교단 재정비를 시도한다. 다시 같은 해 6월 홍천 최우범의 집으로 은신처를 변경한 후 12월 원주 치악산 수레촌으로 거주지를 옮긴다. 1896년 교단의 중흥을 위해 집단지도체제를 구성할 것과 그 적임자로 손병희, 손천민, 김연국을 지명한다. 2월 초 충주 외서촌으로 옮겼고, 1897년 1월 경상도 음죽군 앵산동으로 재차 이주한다. 여름께 건강이 급격히 나빠졌는데 하혈을 하기도 했다. 치료를 위해 여주 전거론으로 옮긴다. 12월 24일 자신의 운명을 예감하고 도통을 손병희에게 전수한다. 관군의 급습으로 간신히 위기를 모면한 그는 홍천 서면, 원주 고산리 송골로 긴박한 도주를 계속하다 4월 5일 세찰사 송경인의 관군에 체포돼 서울로 압송된다. 5월 11일 재판이 시작돼 5월 30일 교형을 선고한다. 최시형의 죽음으로 동학 인민 봉기는 일단락된다. 한반도에서 일어난 봉기 중 가장 많은 희생자와 가장 잔인한 죽음을 당한 것으로 동학 농민 봉기가 평가되는 이유는 그 핵심에 전적으로 외세에 의존했던 민씨 정권, 유림을 포함한 지배계급의 무능과 부패가 일차적으로 작용했으며, 스스로를 자멸하게 한 외세를 끌어들여 근대적 국제 전쟁을 치렀기 때문이다. 특히 일본과 일본군의 잔인함은 상상을 불허하는데, 그 기록은 밝히기조차 끔찍할 정도다. 대체로 1894년 동안 관군과 일본 연합군에 학살된 동학 농민군의 숫자는 30~40만 명에 이르렀다. 뿐만 아니라 그들의 재산은 모두 부패 관리가 착취하게 되었으며, 가옥과 물건은 불 속으로 들어갔고, 부녀자 강탈, 능욕이 차마 말할 수 없을 만큼 자행되었다. 봉기의 중심에 있었던 전주의 경우 시가지의 1/3이 파괴되었으며, 주민은 35,000에서 24,000명으로 급감했고, 한 러시아 장교의 목격기에 의하면 봉기가 끝난 이듬해 2월까지도 농민군 포로들을 공개 총살하는 잔혹한 참상이 관군과 일본군에 의해 자행되었다고 기록하고 있다.[9]

최시형의 위대함은, 그가 동학 인민(농민) 봉기에 적극적이지 않았다는 일부 비판에도 불구하고, 이후 식민지 체제에서 가장 끈질기고 지속적인 독립운동을 전개해 나가는 세력의 중추로 발흥하는 정초를 세웠다는 데 있다. 동학 농민 봉기 이후 고부, 남원, 임실 지역 생존자의 궤적을 추적한 한 보고서의 기록을[10] 살펴보면, 고부의 경우 기포 당시 사발통문에 서명했던

20인 중 살아남은 10인은 그해 또는 이듬해 희생되고 나머지 10여 인은 황해도 등지로 귀양 가거나 변성명으로 유리걸식을 할 지경에 이르렀음에도, 그 10여 년 후에 정부 개혁과 흑의 단발을 기치로 진보회를 조직하고, 1906년 다시 천도교인이 되어 고부교구, 정읍교구, 태인교구를 각각 설립하게 되는데 송대화, 이성하, 이문형, 최홍렬, 송국섭 등이 주도한다. 천도교는 3·1운동에 가장 핵심적으로 가장 적극적으로 참여함으로써 식민지 체제 충격에 결정적 기여를 한다. 남원 지역의 경우도 1895년 가을 장남선, 김종황, 유태홍, 김재홍, 박진경 등이 혁명 참가 도인들을 찾아 조직을 복원하는 한편 새로운 포교 활동을 전개하며, 1904년 이후 진보회를 조직하고 1906년 김종황, 박진경, 유태홍은 남원에 교구를 마련한 후 후일 남원 지역 3·1운동을 지도하게 되는데, 유태홍은 1928년 1월 신간회 설립과 동시 남원지회 설립을 주도한다. 임실의 경우 생존자들은 1904년 민회 또는 진보회 활동에 참여하면서 교세를 확장하는 일에 몰두하게 되는데, 임실 진보회의 경우 1만여 명이 검은색 옷을 입고 대회를 개최하는 것과 함께 5천여 명이 단발 집회를 시행하며, 그 주도자들은 동학 봉기에 참가했던 핵심 인물 최봉관, 허선, 최승우, 이종근 등으로 확인된다. 이들과 함께 김여원, 황희영, 박성근, 한영태 등은 1906년 삼화학교를 설립, 민족 교육에 매진하는 한편, 1919년 3월 12일 독립선언서를 배포하고 만세 시위를 주도한다.

  1894년 전개된 인민 봉기는 이 땅에 일어난 모든 봉기를 통틀어 가장 민주적이고 가장 인민성이 강했을 뿐만 아니라 마침내 가장 혁명적이었으며 봉기가 지닌 모든 한계를 넘어서는 역사적 대사건이었다. 그리고 그 중심에는 동학과 최시형이 있었다. 그가 없는 전봉준은 동학 봉기의 의의를 현저하게 왜소화시킨다. 전봉준이 없는 최시형 또한 의의가 반감된다. 둘은 그 점에서 동학 봉기의 궁극적 짝패다. 거칠게 들여다본 동학 인민 봉기를 통해 우리가 직시해야 할 것은 이 땅이 '인민의' '인민에 의한' 나라라는 거부할 수 없는 진실이다. 이 땅은 위기에 처했을 때 늘 인민의 상상하기 어려운 희생을 통해서만 겨우 명맥을 이어 왔다. 동학 인민 봉기는 한국 근대사에서 인민이 주체적으로 자기 결정을 통해 국가를 혁명할 수 있다는 정초를 놓은 근대적 성격의 대사건이다. 이를 통해 한국 민주주의는 3·1, 4·19, 5·18로 이어지는 이 땅 생명 정치의 역사적 흐름을 주도할 수 있게 되었다.

주

1. 자크 랑시에르, 양창열 옮김, 『정치적인 것의 가장자리에서』, 길, 2002. 255면.
2. 崔時亨, 『海月神師法說』, 天道敎中央摠部(1993). 「靈符呪文」, "內有神靈者 落地初赤子之心也 外有氣化者 胞胎時 理氣應質而成體也故."
3. 『海月神師法說』, 「其他」.
4. 『海月神師法說』, 「天地理氣」.
5. 『海月神師法說』, 「待人接物」.
6. 황석영, 『장길산』 9권, 현암사, 1984, 62면.
7. 『장길산』 9권, 196~200면.
8. 질 드뢰즈, 유진상 옮김, 『시네마 1: 운동-이미지』, 시각과언어, 2002, 234면.
9. 이 글을 작성하는 과정에서 "동학농민기념사업회편, 『동학농민혁명과 사회변동』, 한울, 1993; 동학농민기념사업회편, 『동학농민혁명의 동아시아적 의미』, 서경문화사, 2002; 신순철 외, 『실록 동학농민혁명사』, 서경문화사, 1998; 조성운, 「동학과 동학농민운동의 관계」, 『역사와교육』 19집, 역사와교육학회, 2014"의 도움을 받았다. 기술 과정에서 고루하거나 쟁점이 될 수 있는 부분은 논쟁 가능성을 열어 두었다.
10. 성주현, 「동학혁명 참여자의 혁명이후 활동」, 『문명연지』 14집, 한국문명학회, 2005.

에코아나키 — 국가 이후의 국가

에코아나키 — 국가 이후의 국가

 자연주의를 향한 리비도와 허무는 무위의 본질이다. 노자가 최초에 '무위의 정치'라고 직시했으며, 최제우와 최시형이 이에 호응하여 '동학의 진리는 무위의 진리다'라고 설파한 19세기 최고의 인민 생명운동이었던 무위는 다른 한편으로 스피노자의 자연주의를 통해 이 시대 생명의 화두로 재소환된다. 스피노자를 정독하는 과정에서 그 심연을 엿본 들뢰즈는 그가 자신의 (거의) 말년에 심혈을 기울여 기획한 『시네마』에서 "정동에서 행동으로 넘어가는 사이에 충동-이미지가 존재한다. 충동-이미지를 그토록 도달하기 어렵고, 나아가 정의내리거나 확인하기 어려운 것으로 만드는 것은 그것이 일종의 정동-이미지와 행동-이미지의 사이에 끼어 있기 때문"이라고 언명하면서, "충동-이미지는 자연주의의 본질 속에 녹아 있다"는 의미심장한 결론에 도달한다. "신의 섭리는 참으로 자연의 질서 외에 아무것도 아니다"라는 그 함의의 바탕을 지배하는 것은 충동(이미지)이다. 이를 통해 들뢰즈는 스피노자의 자연주의에 내재한 근원적 폭력성을 예리하게 포착한다. 자연주의에 내재한 근원적 세계는 '매우 특수한 폭력의 세계'인데, 그것을 그는 '시네마'의 충동-이미지로 소환함으로써, "충동의 근원적 폭력성은 항상 행위의 상태에 있으나 행동(이미지)에 비해 [그것은] 너무 크다. 파생적 공간 속에서 그에 걸맞을 정도의 크기를 지닌 행동은 없다고 할 수 있"는데, 가령 〈노매드랜드〉의 '펀'이나 〈조커〉의 '아서 플렉'처럼 스스로 "충동의 폭력성에 사로잡힌 인물은 자신에 대해 전율하며 자기 자신의 충동의 먹이, 희생물이 된다. 그는 더 이상 무엇을 해야 할지 모를 때, 그 폭력성에 자신을 맡기게" 된다고 단언한다. 이것이 자연주의의 본질이며, 동학의 무위가 바로 그 자연주의 리비도의 핵심과 맞닿아 있다.

오염된 체제의 언어로 매슈 아널드가 『문화와 아나키』에서 주장했던, 부르주아 이데올로기를 수호하는 문화와 교양에 적대적인 의미로서의 '무질서'(아나키) 개념은 폄훼된다. 오늘날 우리가 문화와 교양이라고 부르는 부르주아적 가치로서의 지적 정향은 '아나키'에 맞서 국가를 보전하는 데 의의를 둔다. 레비나스는 그 행간에 숨긴 음모와 허위를 분쇄하고 다시 말한다.

> 비록 의식을 전복할지라도, 그리고 드러나지만 그것이 표명하게 되는 말해진 것 속에서 주제화되는 의식으로 환원할 수 없는 사로잡힘은, 낯선 것으로 의식 속에 새겨진 채 역류하면서 의식을 가로지른다. 즉 주제화를 해체하는 모든 의식의 빛 속

에서 생산되는 원리, 기원, 의지, 아르케를 벗어나는 비평형성, 망상처럼. 운동은 그 용어의 본래적 의미에서 아나키적이다. 그러므로 사로잡힘은 어떤 경우에도 의식의 과도한 발달로 취급될 수 없다. 그러나 주체의 결여가 주의집중에 앞서 산만한, 소위 '의식의 장'으로 회귀하는 것이 아닌 것처럼, 아나키는 질서에 대립하는 무질서의 사실이 아니다. 무질서(désordre)는 단지 하나의 다른 질서일 뿐이다. 그리고 그 산만함은 어쩌면 주체화된 것이다(전복과 혁명은 질서 속에 있다. 아나키의 개념은 정치적인 의미보다 앞선다. 그것은 어떤 긍정도 갖지 않는 부정의 계기를 가능하게 한다). 아나키는 이 같은 대안들의 저쪽에서 존재를 교란시킨다.[1]

레비나스가 강조한 '의미의 과잉'은 다른 한편으로 아나키의 외재적 관계성을 복잡화하며, 최종 심급에서 타자를 향한 무한의 관계 맺음을 통해 외재성의 본원적 실체를 드러낸다. 그것은 그렇기 때문에 일종의 강박적 사로잡힘이기까지 한데, 나타남의 현재에 기원을 두지 않음으로써 궁극적으로 종결과 시초에 대한 의무의 종결 없음을 특징으로 한다. 매슈 아널드 류의 주류적 통념에서 무질서를 질서의 결여로 보는 프레임은 오히려 레비나스에게 의미의 증대, 의미의 과잉을 넘어, 외재성의 과잉과 책임의 과잉, 나아가 책임의 무한으로 수정된다. 일상의 정치로 통칭되는 미시 정치가 중요한 이유가 여기 있다. 레비나스의 아나키는 무위적 진리를 향해 있다. 그것은 상투화된 국가 개념을 재정의하면서 다른 국가에 대한 기획으로 나아간다. 그리하여 노자가 '에로스로 구성하려는 국가'라고 묘파한 그 기획은 국가 없는 국가, 근대국가를 넘어서는 국가, 일상의 삶을 구체적으로 관계 지으며 작동하는 국가, 작은 단위에서 마을 공동체의 자기실현을 위한 공동선의 국가, 생태적으로 더 인간적인 삶의 지평을 공유하는 국가, 분단 체제 이후의 한반도와 세계의 관계를 최적화할 수 있는 레짐으로서의 국가로 재정의된다.

한국문학의 전위를 면밀하게 응시하는 과정에서 우리는 흥미로운 과제 하나를 발견한다. 가령 『국가의 사생활』 등에서 구사하고 있는 1990년대 이후 나타난 이데올로기의 해체와 『바리데기』나 『리나』 등에서 엿보이는 국경의 해체를 넘어서는 국가주의의 해체를 향한 미적 열망이 그것이다. 『로기완을 만났다』의 '로기완'을 압박하는 것은 근본적으로 자본이다. 자본은 레이건과 대처를 주축으로 시도된 퇴폐적 [시장] 자유주의가 위기에 봉착하자 이를 공격적으로 재설계하는 과정을 통해 현 단계 거의 한계에 봉착한 신자유주의가 지향하는 핵심 모토다. 신자유주의는 자유주의가 미성숙 단계에서 인민 통제와 불평등을 느슨하게 수행하던 어젠다를 더 강력하게 폭력화해 국가와 정부의 최우선 이념으로 설정하고 그것을 '세계화'하는 데 전력을 기울였다. 그 결과 세계화의 예외라고 우리가 막연하게 생각했던 북한에까지 스며들어 강력하게 작동하기 시작했다는 것을 '로기완'의 경우가 방증한다. 신자유주의로 무장한 자본이 얼마나 무자비하고 야만적인지를 알지 못하는 로기완은 마더 최영애가 아들을 위해 자신의 죽음을 담보로 남긴 시체를 팔아 그의 시간을 연명한다. 그런 점에서 그의 생명은 이미 출발선상에서 죽음과 삶을 동시에 취하고 있는 유령의 성격을 띠고 있다. "함경북도 온성군 세선리 제7작업반에서 태어"난 그는 마더의 시신을 판 650유로를 가슴에 안고 국경을 탈출해 중국 여러 곳을 전전하다 브뤼셀에 도착, 천신만고 끝에 얻은 난민 지위를 포기하고 다시 영국행을 택한다. 그것은 그가 "사랑하는 사람과 마음껏 체온을 나누는 그 순간의 충만함을 갖고 싶"었기 때문이다. 이 과정에서 그는 국가의 밖에 있는 전혀 낯선 사람들과 연민과 연대의 사슬을 형성하는 놀라운 도약(탈영토화)을 보여 주는데, 이때 국가주의의 해체는 "그의 몸에서 자연스럽게 작동한"(이 무의식적 리비도의 '충동/정동'이 우리는 코나투스, 혹은 무위라고 직감한다) 실존적 삶의 혁명이 된다. 거의 무의식적으로 로기완을 지배한 것은 무희망의 희망으로 행동한 무위적 덕성이다.

"조국의 평화적 통일을 염원하는 온 겨레의 숭고한 뜻에 따라" 2000년 6월 15일 한국의 대통령 김대중과 조선민주주의인민공화국 김정일 국방위원장 사이에 평양 백화원 영빈관에서 합의된 6·15남북공동선언은 "(1) 남과 북은 나라의 통일 문제를 그 주인인 우리 민족끼리 서로 힘을 합쳐 자주적으로 해결한다. (2) 남과 북은 남측의 연합제안과 북측의 낮은 단계의 연방제안이 서로 공통성이 있다고 인정한다. (3) 남과 북은 2000년 8월 15일에 즈음하여 흩어진 가족, 친척 방문단을 교환하며 비전향장기수 문제를 해결하는 등 인도적 문제를 조속히 풀어나가기로 합의한다. (4) 남과 북은 경제협력을 통하여 민족경제를 균형적으로 발전시키고 사회, 문화, 체육, 보건, 환경 등 제반 분야의 협력과 교류를 활성화하여 서로 신뢰를 도모한다. (5) 위의 네 개항의 합의 사항을 구체적으로 이행하기 위해 남과 북의 당국이 빠른 시일 안에 관련 부서들의 후속 대화를 규정하여 합의 내용의 조속한 이행을 약속한다"는 5개항의 내용을 담고 있다.

어둠이 짙게 드리운 현실은 이 빛나는 6월의 기억으로부터 지금 이 땅의 정치적 퇴폐와 부조리가 감당할 수 없을 지경으로 누적돼 있다는 회한으로 가득하다. 코인에 광적으로 열광하는 20대와 '영끌'까지 시도해 부동산 투기에 '올인'하는 30대의 분열적 행태에 우리는 다시 한 번 절망한다. 신자유주의와 거짓 '공정'에 포박된 그들에게 미래는 없다. 짐승에 가까운 각자도생은 이 시대를 지배하는 핵심 좌표가 된다. 자유민주주의라고 외치며 기업 국가를 향해 핸들을 잡은 사이비 정치리더는 그것이 자본의 소유권을 핵심 모토로 출발한 자유주의가 더 야만적이고 공격적으로 세계화의 기치를 내건 신자유주의의 위장된 구호라는 것을 모르거나 은폐한다. 신자유주의는 이제 정부가 나서서 기업과 금융자본가, 이른바 상위 5%의 슈퍼리치에게 더 많은 부와 더 많은 자유와 더 많은 권력을 부여하겠다는 폭력적 불평등 선언이다. 그렇다면 20~30대의 '영끌'은 이미 충분히 파국의 비극을 향해 있다. 이 땅의 정치는 근본적으로 인민의 미래를 기약할 수 없게 되어 있다. 바로 그런 연유로 교육과 공동체의 윤리가 파국에 이른 남한의 제도 메커니즘에서 유일하게 가능한 [수상하긴 마찬가지이지만] 마지막 비전이 있다면 지역 자치의 혁명적 재구조화다. '낮은 단계의 연방제'와 '연합제'의 실질적 실천을 향한 매개 단계로 남한 지역 자치의 전면적 해체와 재구조화를 역설하는 것은 백 번 강조해도 지나치지 않다. 심각한 정치적 자질의 한계, 부패, 부조리, 기회주의와 무능이 누적돼 거의 누더기 상태인 현재의 지역 자치를 혁신하는 핵심에 자치장과 의원 자격을 일정 수의 주민 추천제로 명문화하여 현재의 정당에서 분리하는 것과 함께, 실질적 자치를 위한 재정 확보를 법률화하는 과제가 요구된다. 뿐만 아니라 지역 자치가 공동체에 대한 헌신과 봉사라는 윤리적 자질을 검증할 몇 복안이 기입되어야 한다. 지역 자치의 재구조화는 무능, 퇴폐, 기회주의로 연명하고 있는 남한 의회정치의 재구조화를 위한 숙주로 기능할 수 있다.

인민민주주의와 생태적 상호부조의 원리에 입각한 자율적 지역공동체의 구성과 이들의 연대에 기초한 소국과민의 연방 국가를 구상했던 란다우어는 인간에 의한 인간의 억압이 최소화된 코뮌을 지향하는 톨스토이적 아나키즘을 통해 인간과 인간, 인간과 자연의 궁극적 관계를 사랑(에로스)으로 설정함으로써, 진정한 의미에서 근대 이후의 국가가 어떤 공동체 속에서 재출발해야 하는가에 대한 사회철학적 모티브를 제공한다. 그가 구상한 정치적 기획은 속류 보수주의자들이 야비하게 공격하는 위험한 공산주의나 급진적 모험주의의 이상에 갇힌 몽상이 결코 아니다. 흔히 유대 신비주의로 불리고 있는 '카발라적 전통'에 직관적으로 감응했던 란다우어의 국가 구상은, '빠촘킨 우화'의 수수께끼를 해소하는 과정에서 엿보이는 카프카 인물들의 독특한 아름다움의 세계가 무희망성으로부터 나온 희망의 아름다움이라는 결론에 도달한 벤야민의 미적 테제와 절묘하게 조우한다. 언급한 바 있듯, 벤야민은 그 주제를 현대적으로 구현한 카프카의 「이웃마을」을 소국과민의 정체를 가장 핍진하게 묘파한 메시지로 소환해 낸 바 있다. 파시즘이 극에 달한 시기 벤야민은 그런 국가의 희망을 간직하고 그가 마지막 출구로 생각했던 '아메리카'를 향해 탈출을 시도하다 끝내 좌절되자 스페인 국경 피레네 근처에서 스스로 파란만장했던 자신의 생을 마감한다. 미완의 유고로 남게 된 「역사철학 테제」의 핵심을 관통하는 유대 신비주의와 역사적 유물론을 지배하는 정치적 이상은 그러나 거의 그대로 살아남아 란다우어의 정치 기획과 내밀하게 조우한다. 「역사철학 테제」를 관통하는 벤야민의 역사적 유물론과 카발라적 전통으로부터 형성된 메시아적 시간관은 「프루스트의 이미지」나 「카프카」 등에서 엿보이는 탁월한 모더니스트로서의 자질과 절묘하게 결합돼 그를 20세기의 가장 난해하면서 동시에 도달해야 할 휴머니스트로 승화시킨다. 파시즘이 극에 달한 시기 자신의 목을 옥죄어 오는 죽음의 광기를 직감한 그는 이 미완의 글에서 파울 클레의 〈새로운 천사〉를 통해 "단 하나의 파국을 바라보고" 있다. 잔해 위에 잔해를 산더미처럼 더하고 있는 현실을 정직하게 응시하고 있다는 점에서 그 천사는 분명 '역사의 천사'다. 그는 이에 대해 조금 더 친절하게 주석을 가한다. "억눌린 자들의 전통이 우리에게 가르치고 있는 교훈은, 우리가 오늘날 그 속에서 살고있는 〈비상사태〉라는 것이 예외가 아니라 상례라는 점이다. 우리는 이러한 인식에 상응하는 역사의 개념에 도달하지 않으면 안 된다. … (그것이) 20세기에 들어선 오늘날에도 여전히 가능할 수 있다는 놀라움은 결코 철학적 놀라움이 아니다. 이러한 놀라움은 그러한 놀라움을 생겨나게 하는 역사관이 지탱될 수 없다는 인식이 전제되지 않으면 인식의 출발점이 되지"못한다는 데 있다. 그렇기 때문에 "처음부터 사회민주주의에 깊이 자리 잡고 있던 타협주의는 그들의 정치적 전략에서뿐만 아니라 그들의 경제관에도 그대로 남아있다. 후에 사회민주주의가 겪는 파국의 중요한 원인의 하나는 바로 이 타협주의다. 시대의 물결을 타고 나아간다는 생각만큼 독일의 노동계급을 타락시킨 것은"없다. 그 타락에 대한 직시가 그로 하여금 "역사적 인식의 주체는 투쟁하는 피지배계급 자신"이라는[2] 역사적 신념에 도달하게 했다. 란다우어는 노자가 이미 언명한 바 있듯, 자연의 본질은 인간의 오염된 언어로 재현 불가능하다는 인식에서 출발했다. 그 인식의 기의는 노자의 무위 개념에 근접한 것이다. 카발라적 전통에서 기원한 유대 신비주의로부터 모티브를 얻은 오염된 언어에 대한 그의 근본적 회의는 벤야민이 역사의 천사를 통하여 강렬하게 모의한 것처럼 메시아적 시간관으로 수렴된다. 그에게 있어 시간의 흐름은 베르그송의 '지속' 개념과 유사한, 과거와 현재와 미래를 하나의 전체로 파악하는 영적인(Psyche) 범주에 속하는 어떤 것이다. 그런 시간 속에서 인간의 사회적 생태는 "주체적 되기"(들뢰즈의 표현대로)로 나아갈 수 있고, 또 생명의 부단한 '생성(das werden)'을 향한 희망이 될 수 있다. 그가 이런 정체성을 모태로 현실 정치의 구체적 구상에 적용한 것은 인간과 인간을 잇는 사회적 생태를 상호부조의 원리에서 찾는 마을 코뮌의 한 형태였다. 현대 국가에서 많은 인간 무리들이 현시적 욕망의 최대 과업으로 생각하는 권위, 혹은 권력을 그는 '자유와 귀속성의 합일'이라는 명제로 규정하는 공동체의 질서를 형성하는 원칙을 위한 과정으로 이해함으로써, 근대국가의 제도와 체제에 근본적인 회의를 던진다. 반면 자유와 평등을 두 축으로 한 공동체는 상호주의에 입각해 훨씬 능동적으로 직업이나 단체를 결성하고 그 속에서 자신들의 주체적 의견을 개진하게 된다. 여기서 한 걸음 더 나아가 자신이 속한 지역사회의 문제들을 해결하기 위해 주민 의회 성격의 커뮤니티가 조직됨으로써 새로운 참여 민주주의의 기초를 형성할 수도 있다. 란다우어는 소개한 일련의 흐름에 의한 자연스런 정치적 과정을 진정한 공화국의 출발로 생각했다. 이런 정치의 현대적 모습을 그는 노르웨이와 스위스의 마을 공동체에서 발견하고 있는데, 주지하듯이 전자는 독자적 사회민주주의 제도를 구성해 운영함으로써 오늘날 전 지구촌에서 가장 삶의 만족도와 행복지수가 높은 삶을 구가하는 최상위 국가로 평가되고 있으며, 후자 또한 협의체 민주주의라는 창발적 정치체를 발전시켜 나감으로써 야만적 강대국 사이에 끼인 작은 국가가 어떻게 자신의 정체성을 잃지 않고 지속 가능한 높은 단계의 생태적 삶을 영위할 수 있는가에 대한 하나의 답을 제시하고 있다. 자유와 평등은 현실 정치와 현대 국가의 정치 구조에서 상호 모순되고 대립되는 것처럼 보이지만, 두 국가를 통해 우리는 이를 지혜롭게 극복할 수 있는 모멘텀을 마련할 수 있다. 란다우어가 두 국가의 특징을 사회민주주의적 요소에서 찾는 과정에서 주목한 것은 아나키였다. 그의 아나키에 대한 이해는 협소한 프레임 안에 갇혀 있다는 인상을 지우기 힘든데, 아나키의 핵심 가치인 생명 활동을 촉진하는 과정으로서의 문화 운동, 내면의 지침으로서의 무위적 정념을 포괄하는 것에 미치지 못하고 있는 것이 일례이다. 그런 가운데에도 정치적으로 연방주의를 아나키와 긴밀하게 호응하고 있다고 인식하고 있는 점은 주목에 값한다. 공동체의 이익과 삶의 안위를 가치의 정점에 두고 이를 실현하기 위한 이념으로 자유와 평등을 주요한 기율로 하는 연방제적 정치는 실현 가능한 아나키의 정치적 이념이 된다. 그의 아나키적 정치 이념에 크게 영향을 미쳤던 것은 크로포트킨이었다. 그는 사회 투쟁의 변증법적 진보를 주장한 카를 마르크스나 시장 자유주의를 주장한 자본주의를 전면적으로 부정하면서 종의 진화에 투쟁보다 상호부조가 훨씬 경제적이며 근본적인 삶의 준거가 된다는 과학적 추론에 이르게 되는데, 사회와 자연에 대한 그의 분석과 판단은 '상호부조와 상호연대를 통해 경쟁이 제거되면 더 좋은 생태적 조건이 창출된다는' 것이었다. 그는 역사적으로 바쿠닌이나 슈티르너 등이 추구했던 폭력 혁명으로서의 아나키를 비판하고, 그것을 문화 운동의 정초로 이해하고자 했다는 점에서, 아나키를 특정한 정치적 이념이나 현실의 정치체제로 한계 지우는 규범으로부터 벗어나, 메시아적 시간관이라고 말했던 미적 기율을 통한 생태적 지속의 조화로운 삶을 인간과 그 공동체가 추구해야 할 최고의 인간 가치로 삼는다. 그런 점에서 그도 완전한 것은 아니지만 아나키를 혼돈이나 무질서로 규정하는 아류 문화주의자나 자유주의 아류 식민주의자들과 달리, 한 실존과 그 공동체를 새롭게 태어나게 하고 창조적으로 재조직하기 위한 자기 해체의 과정으로 인식하고 있다는 점에서 레비나스의 그것에 근접한다. 특별히 폭력을 배제한 아나키를 구상했던 그가 주목한 인물은 톨스토이였다. 란다우어는 톨스토이가 몸소 실천한 인간과 인간, 인간과 자연을 매개하는 유일한 원리로서의 사랑을 아나키의 주요한 이념적 지표로 생각했다. 톨스토이가 그의 말년에 자신의 모든 것을 내려놓고 실현한 러시아 전통 촌락 공동체 속에서의 인간적 연대를 향한 연민과 사랑의 여정은 그 자체로 이미 판차야트(마을 공화국)의 전범이 되기에 부족함이 없다.

현 단계 시장 민주주의를 대표하며 특히 레이건과 대처 이후 미·영과 아류 일본을 비롯하여 남한까지 거대한 달러 자본에 편입돼 '세계화(신자유주의)'를 은밀히 부채질한 나라들에 한결같이 나타나고 있는 특징 중 하나는 빠른 속도로 생태적 양극화와 불평등이 가속화돼, 위기를 넘어 파국을 향한 임계점까지 도달했다는 점이다. 이런 나라들의 공통점은 국가가 기업에 종속되고(이른바 기업 국가) 그 과정에서 인민의 노동 경직성이 극도로 확장되는 악순환의 반복을 거쳐, 한 사회의 위기 신호가 주기적이며 만성적으로 재현되고 있다. 시방 남한 자본은 이 메커니즘에 포획되어 정치뿐만 아니라 경제적 위기에 상시적으로 노출되고 있다. 거의 짐승 상태의 각자도생에 내몰린 대부분 인민의 나날은 늘 전쟁과 유사한 상황에 직면할 수밖에 없다. 만성적 위기의 지속은 인민 전체를 노동의 고통에 가두어 결국 '소진된 인간'으로의 대전회(인민 봉기)를 위한 촉매가 된다. 우리는 이 문제를 향한 근본적인 질문에 봉착해 있다. 남한식 기업 국가를 극복하기 위한 대안은 무엇인가. 우리의 경우 시장 국가 극복은 분단 체제 극복과 동시에 병행되어야 하는 이중의 과업이다. 그러니까 분단 체제 극복과 시장 국가로부터 해방되는 것은 사실 같은 문제다. 이 문제를 풀기 위한 차선의 단초가 강조한 바 있듯 정치적으로 현 단계 남한 지역 자치의 본래적 의미를 회복하는 과정과 긴밀하게 맞물려 있다. 남한의 지역 자치는 병영국가주의에서 파생한 여러 형태의 부정적 정치 유산으로 인해 난마처럼 얽힌 부패와 부조리의 사슬에 포박돼 있다. 이를 혁파하기 위한 발군의 과제는 인민의 공동체 의식 회복을 위한 각고의 실천뿐이다. 일상의 정치화와 정치의 일상화가 따라서 긴요한 현안으로 대두한다. 그 기획을 란다우어의 연방제적 아나키로부터 구할 수 있다. 특히 병영국가주의와 분단 자본주의가 완강하게 버티고 있는 남한의 경우 이중의 딜레마에 갇혀 있는데, 우리는 그 고통을 위태롭게 감당해 오면서 한국적 민주주의를 창발적으로 확대해 온 역사적 축적이 있다. 따라서 분단 체제 극복과 시장주의 극복을 위한 지역 자치의 실질적 활착은 가장 현실적인 대안이 된다. 보다 성숙한 연방제 아나키로 가기 위한 매개의 단계로 우리가 눈여겨 살펴봐야 할 협의체(숙의) 민주주의를 분단 해체 이행기에 접해 시장 자본주의의 대안적 모델로 궁리해 보는 것은 주요한 현 정치의 프로세스다. 란다우어의 그것보다 조금 더 구체적이고 현실 정치에 근접해 있는 이 제도는 한 사회 혹은 국가에서 종교·문화·정치·지역적으로 극심하게 분열, 분절되어 대립과 갈등의 밀도가 높은 사회에 적용해 볼 수 있는 새로운 대안 민주주의로 유효하다. 그런데 여기서 더 중요한 것은 실질적으로 문제를 해결해야 할 정치·문화·사회의 리더(엘리트)와 리더 간 소통에 대한 쟁점이다(현 단계 남한 정치에서 리더 간 대화를 기대하는 것은 쓰레기통에서 장미가 피길 기대하는 것보다 어렵다). 이 농도 차이에 의해 실질적으로 성패가 판가름 나기 때문이다. 이 원리를 잘 조율하는 과정에 의해 협의체 민주정은 시장 메커니즘을 시장의 경쟁과 대결을 지양하고 대화와 타협에 의한 공공재의 생산에 기울이게 함으로써, 시장에서의 패자와 승자 모두를 승자로 승화시키려는 노력으로 경주할 수 있게 된다. 다원주의까지를 포함한 시장주의는 근본적으로 승자 독식의 약육강식 메커니즘에 충실함으로써 소수 독점자본을 통한 빈부의 극대화를 지속적으로 확대 재생산한다. 그것은 근본적으로 기득권의 이익을 위한 정치와 경제의 메커니즘이다. 정치 경제적 승자와 패자를 넘어 공동체의 이익과 행복을 추구함으로써 협의정은 공적 권위를 지닌 협의체의 민주적 절차를 통해 문제 해결을 추구함으로써 공동체의 다수가 정치에 참여하는 유사 직접 민주정의 형태를 필연적으로 취하게 된다. 민주주의의 꽃이라고 할 수 있는 선거의 비례대표성이 강조됨으로써 다당제의 출현 가능성과 함께 정부 구성에서 다양한 이해 세력이 대연합의 형태로 동거하는 현상이 가능하다. 이미 수명을 다해 용도 폐기 단계로 접어든 근대 정치의 세계화 모델로 주입된 영국식 의회주의의 생산적 대안으로 평가되는 협의체 민주정은 이념, 종교, 문화, 세대, 지역, 경제의 분열과 반목이 극심한 사회에서 가장 현실적인 정치적 대안이 될 수 있다. 특히 포스트 근대로 이행하고 있는 한국의 통일 이행기 정치 구조에 이 대안의 접목은 가장 친화적인 생태적 프로그램으로 떠오를 수 있다. 대체로 승자 독식의 다수결주의나 시장 다원주의는 배제의 원리에 충실함으로써 갈등과 분열을 증폭시켜 왔고, 그 결과 밀려난 패자는 정치적 부족주의의 한계를 벗어날 수 없었다. 과잉 대표된 승자 독식의 한국 정치는 이제 사망 선고를 받고 수명의 임계점에 도달해 있다. 비만한 병영국가주의와 거기에 기생해서만 자신의 명맥을 유지할 수 있었던 분단 자본주의는 해체-재구조화되거나 용도 폐기되는 수순을 밟는 단계로 진입하고 있으며 반드시 그렇게 될 것이다. 협의체 민주주의는 근본적으로 비시장적 메커니즘을 지향한다. 바로 이 문제가 한국의 지역 자치 해체-재구축 과정에 실천 정향으로 설정될 필요가 있다.

19세기 말 조선 권력 담당 세력의 무능과 부패, 부조리와 비전의 부재를 직시했던(현 단계 한국 정치가 이와 거의 일치하고 있다) 최제우는 새로운 인민의 삶을 위한 후천개벽을 모의하게 되는데, 최시형을 비롯한 전봉준은 더 나아가 근대적 의미의 민주주의를 넘어서는 인민 봉기로 나아간다. 무위를 토착적 삶의 획기적 혁파를 위한 실천 강령으로 내면화함으로써 그들이 희망했던 것은 정치적으로는 '군민공치'를, 경제 문화적으로는 '유무상자'의 아나키적 코뮌의 형태를 띤, 마침내 노자가 구상했던 소국과민의 이상을 이 땅에 기입한다. 우리는 한국적 민주주의의 역사적 전통을 내재적 잠재성으로 잉태하게 된 것이다. 그 이상은 수난의 시간 속에서도 명맥이 끊기지 않고 3·1, 4·19, 5·18, 2017 촛불로 지속적 생명력을 확대-재생산해 오고 있는 무위의 정념 속에 내밀하게 숨 쉬고 있다.

주

1. 임마뉴엘 레비나스, 김연숙 외 옮김, 『존재와 다르게』, 인간사랑, 2010, 191면.
2. 발터 벤야민, 반성완 옮김, 『발터 벤야민의 문예이론』, 민음사, 347~351면.

東經大全

東經大全(戊子季春北接重刊)

目錄

布德文
論學文
修德文
不然其然
祝文
立春詩
絶句
降詩
座箴
和訣
歎道儒心急
訣
偶吟
八節
題書
詠宵
筆法
通文
通諭

布德文

　　盖自上古以來 春秋迭代 四時盛衰 不遷不易 是亦 天主造化之迹 昭然于天下也. 愚夫愚民 未知雨露之澤 知其無爲而化矣. 自五帝之後 聖人以生 日月星辰 天地度數 成出文券 而以定天道之常然 一動一靜 一成一敗 付之於天命 是 敬天命而順天理者也. 故 人成君子 學成道德 道則天道 德則天德 明其道而修其德 故乃成君子 至於至聖 豈不欽歎哉. 又此挽近以來 一世之人 各自爲心 不順天理 不顧天命心常悚然 莫知所向矣. 至於庚申 傳聞 西洋之人 以爲天主之意 不取富貴 攻取天下 立其堂行其道 故 吾亦有其然豈其然之疑. 不意四月 心寒身戰 疾不得執症 言不得難狀之際 有何仙語 忽入耳中 驚起探問則 曰勿懼勿恐 世人謂我上帝 汝不知上帝也. 問其所然 曰余易無功 故 生汝世間 教人此法 勿疑勿疑. 曰然則 西道以教人乎 曰不然 吾有靈符 其名倦藥 其形太極 又形弓弓 受我此符 濟人疾病 受我呪文 教人爲我 則汝亦長生 布德天下矣. 吾亦 感其言 受其符 書以呑服 則潤身差炳 方乃知仙藥矣. 到此用炳 則或有差不差 故 莫知其端 祭其所然 則誠之又誠 至爲天主者 每每有中 不順道德者 一一無驗 此非受人之

誠敬耶. 是故 我國 惡疾滿世 民無四時之安 是亦 傷害之數也. 西洋 戰勝功取 無事不成 而天下盡滅 亦不無脣亡之歎 輔國安民 計將安出. 惜哉. 於今世人 未知時運 聞我斯言 則入則心非 出則巷議 不順道德 心可畏也. 賢者聞之 其或不然 而吾將慨歎 世則無奈 忘略記出 諭以示之 敬受此書 欽哉訓辭.

***

造化: "侍天主 造化定 永世不忘 万事知"의 呪文에서 확인할 수 있듯, 최제우는 천지개벽 이후에 전개된 우주 만물의 자기 조직화하는 '창조적 진화'(H. 베르그송)의 힘과 관계적 삶의 현묘함을 조화(造化)라고 명명한다. 더 미시적으로 해석하면, 구체적 일상에서 조화는 무위(無爲)의 형태로 재현된다. 가령, 6·25 발발 후 약 3개월간의 전시체제하 서울 풍경과 삶의 일상을 묘파하고 있는 『취우(驟雨)』(염상섭)는 무위의 현대적 재현을 핍진하게 재현한 수작이다. 막상 전쟁이 터지자 북진 통일을 호언장담하던 이승만은 대전까지 한걸음에 야반도주한 후 한강 다리 폭파를 지시하고, 군대는 연전연패하며, 호시탐탐 기회를 엿보다 순식간에 부활한 친일 세력을 비롯한 유사 관료와 토착 지주들은 도망가기 바쁜 와중에, 그 도주에서 밀려나 다시 서울로 복귀한 한미무역 사장 '김학수,' 비서 '강순제'와 '신형식' 일당이 보여 주는 전시하 서울의 일상은 우리의 상상을 간단하게 배반한다. 댄스홀은 여전히 붐비고, 달러는 넘쳐나며, 지하 시장은 질긴 생명처럼 이어진다. 참혹한 전쟁 중에도 삶은 지속된다는 응시를 통해 작가는 오히려 그 전쟁이 '표풍(飄風)'이나 '취우(驟雨)'에 지나지 않을지도 모른다는 근본적인 의문을 던진다. 작가의 의도와 상관없이 우리가 여기서 직시하게 되는 것은 바로 일상의 질긴 생명력이다. 그러니까 병영형 국가주의에 포획된 인민이 겪고 느끼고 상상하는 삶의 허구성과 달리, 어떤 상황에서도 생명은 질기고 강인하게 이어진다는 진리를 『취우』는 개연성 있게 그려 낸다. 우리는 이를 '시장의 성화'라고 불러도 좋을 것이다. 조금 더 관찰이 필요한 것은 이 시장의 성화가 가능한 생명현상을 어떻게 읽어야 하는가이다. 거칠게 말해 우리는 그것이 포스트 근대의 일상을 주체적으로 구성하는 '무위의 덕성'이 아닐까 유추해 볼 수 있다. 노자는 '자연은 무위로 만물을 살린다(希言自然)'라고 설파한다. 그때의 자연은 일상의 진화된 의미를 내포하고 있다. 그러니까 우리 삶의 구체를 더 나은 삶의 방향으로 이끄는 힘은 무위의 덕성이다. 『취우』는 6·25 발발부터 9·28 서울 수복까지의 극한적 전쟁 상황에서 보여 주는 놀라운 일상으로의 복귀를 세밀하게 관찰하면서, 해방 후 겨우 5년이 지나는 동안 전혀 예측 불가능한 상태로 변해 버린 서울의 일상 목록들을 카메라처럼 촬영해 낸다. 그 카메라에 포착된 특별히 흥미로운 목록 중 하나는 달러로 상징되는 근대적 의미의 '자본'과, 해방 5년 이후 독립국가의 이름으로 감행한 전혀 경험해 보지 못한 '병영국가주의' 형태의 부조리한 정치 왜곡 현상의 만연이다. 느슨한 분단 체제 5년 동안 전쟁을 준비한 김일성의 북한과 북진 통일을 호언하던 이승만의 남한은 다 같이 반생명의 정치, 반통일의 정치, 반민주주의 정치를 통해 인민을 극단적으로 기만하고 억압했다. 염상섭이 남한에서의 미시적 관찰을 통해 주목한 것은 바로 이 반생명, 반통일, 반민주주의가 만연한 일상에 대한 미학적 현시이다.

소설 속에서 각각의 인물들은 식민지와는 다른 형태로 일상에 스며든 자본의 왜곡과 자기 착취 과정을 병영국가주의 메커니즘 속에서 수행한다. 부패와 부조리가 만연한 그 현실은 전쟁까지도 자본의 힘 앞에서 속수무책이 되는 괴력의 일단을 엿볼 수 있게 한다. 그러나 여기서 우리는 '강순제'라는 신여성을 통하여 생명의 가치가 완전히 말소된 시대를 슬기롭게 헤쳐 나가는 지혜의 일단을 목격한다. 해방 전후와 전쟁 시대를 통과하는 강순제의 현실 대응력은 가장 질기고 강인한 생명 자체이다. 그녀의 그런 자질은 전쟁을 배경으로 전개되는 풍속의 와해와 생활 질서의 왜곡을 능동적으로 수용한 결과다. 그 수용은 이중 구속적이다. 분열적 내면을 다스리는 미적 자질의 갱신이 함께 했다. 그러니까 북한군 점령하의 서울이라는 극한의 조건을 가장 차원 높게 수용하는 인물이 강순제다. 그녀의 생물학적 여성성은 그녀의 내면적 분열을 수용하는 과정에서 훨씬 유연한 인간적 성취에 이른다. 우리는 그것을 '현묘무위(玄妙無爲)'(최시형)의 현실 해석으로 수용할 수도 있다. 『취우』는 염상섭 소설에서뿐만 아니라 한국 근대소설사에서도 보기 드문, 여성이 주체적 인물로 등장하는 주목할 만한 시선의 산물이다. 그 여성은 한미무역 김학수의 애첩이자 공산주의자 장진의 아내였으며, 현재는 청년 신영식의 애인이 되기도 하는 영역에 있다. 뿐만 아니라 그녀는 한 집안의 가장 역할도 수행하며, 대외적으로는 영어를 무기로 하이브리드한 세계와 가장 유연하게 대응하는 신여성이기도 하다. 강순제의 이런 자질은 단연 이 소설의 생명력을 극대화하는 요인으로 기능한다. 이 소설이 염상섭의 다른 어떤 작품보다 가독성을 높이는 요인은 강순제의 이 관계의 생명력으로부터 기인한다. 그 관계의 현상은 리좀적이며 그 본질은 이중 구속적이다. 이중 구속은 동학을 구체적 현실로 이끄는 '불연기연'의 방법적 자각과 같은 위계에 있는 개념어다. 적과 동지, 삶과 죽음, 자유와 억압, 밤과 낮, 남성과 여성을 대립적 관념으로 이해하는 것이 지배적이었던 주류적 풍속을 간단히 배반하고 나아가 도약하는 일상을 응시한 강순제에 대한 평가는, 그러므로 여전히 창녀로 표상되는 속물적 전형으로서의 멸시적 대상화와, 그 폄훼가 허위의식이라는 것을 각성한 소수의 '내재적 초월론자'(들뢰즈)로 대립한다. 그러나 더 미시적으로 관찰해 보면 지리멸렬한 일상에서 삶의 지속과 약동을 어떤 잠재태로 내재하고 있는 인물은 강순제가 유일하다. 그런 면에서 그녀의 여성성은 생명의 지속에 대한 주요한 동기를 부여받고 있다. 그것 때문에 이 소설의 인물들은 강순제를 축으로 회전한다. 그녀의 여성성이 전쟁이라는 극단적 상황에서 삶을 대 긍정으로 이끄는 미덕을 발휘한다. 우리는 여성성의 미적 진경을 노자의 개념 속에서 관찰할 수 있다. 상기해 보면 '현빈(玄牝)'(노자 6장)은 전쟁 기간 동안 강순제의 삶을 작동하게 한 에너지가 된다. 그 에너지는 자기애로부터 출발하지만, 타자의 생명을 살리는 방향으로의 승화로 질적 확산한다. 그녀는 전쟁의 후위에서 전쟁 수행의 강렬성을 모두 받아내면서 그 전쟁의 무용성을 환유적으로 재정의한다. 그런 면에서 그녀는 다른 한편으로 정치적 평화주의자이다. 그녀의 무위적 덕성은 전쟁이 단순히 공포와 죽음의 공간과 시간이 아니라 어떤 이유를 불문하고 살아내야 하는 일상의 지속이라는 점에서 시장의 성화와 다른 것이 아니다. 『취우』는 전쟁 시대에 드물게 전쟁의 후위를 쇄말적으로 포착함으로써, 삶의 지속을 이끄는 힘이 강순제의 여성성으로부터 기인한다는 것을 무위의 덕성을 통해 묘파하고 있다. 그 미학적 자질은 그렇기 때문에 포스트 근대의 일상에서도 새로운 정치성으로 승화될 수 있다.

無爲而化: 무위로 행하면 이루어지지 않는 것이 없다. 최제우는 조화를 무위와 동격으로 해석함으로써 무위로 행하는 것이 조화를 정하기 위함임을 적시한다. 그런데, 무위란 노자의 경우 아무것도 하지 않는 것이 아니라 "無爲則無不治"라고 하여 무위가 정치적 거버넌스와 관계함을 예시한다. 또한 "道沖而用之或不盈"에서 엿볼 수 있듯, 무위가 공, 허의 운동성과 함께 하고 있음을 알 수 있다. 최시형은 여기서 한 걸음 더 나아가 조화를 '玄妙無爲'라고 하여 일상에서 무위의 실천 방법에 대한 자각을 더 구체적으로 적시한다. 그것은 노자를 19세기 조선의 위기와 관련하여 직관적으로 이해한 결과다. 노자의 무위는 비움의 미학이 아니다. 그것은 沖(충)과 盈(영)을 왕복하는 욕망의 환유로 특징지어진다. 그 현묘함을 깨닫는 것이 무위의 궁극을 이해하는 길이다. 조금 더 직설적으로 말해 최시형에게 무위란 성찰적 자각이다. 성찰한다는 것은 샤르댕의 표현을 빌리면 자기 자신에게로 돌아간다는 의미다. 주체적 자아로 서기 위한 운동이 그러므로 무위다. 그것은 궁극적으로 생명의 도약이며, 자기 삶을 둘러싼 모든 관계와의 혁명적 변화를 위한 과정으로서의 실천 운동이다.

各自爲心: 국내 정치의 파탄, 서학과 외세 침략이 겹쳐 인민의 삶이 간난에 이름에 극도의 이기심으로 마침내 동물의 상태로 전락함. 노자는 "大道廢, 有仁義, 智慧出. 有大僞, 六親不和, 有孝慈. 國家昏亂, 有忠臣"이라고 함의하고 있는데, 유사한 맥락이다.

不取富貴 攻取天下 立其堂行其道: 식민지화한 후 재물을 약탈해 가는 것으로 끝나는 것이 아니라, 교회를 세우고 기독교를 전파하기에 이른다.

仙語: 천주의 말씀을 들었다. 신이 주신 말씀을 들었다(降靈體驗).

弓弓: '弓弓乙乙'의 줄임말. '弓乙'이라고도 한다. 흔히 『정감록』에 등장하는 표현이라고 하는데, 여기서는 노자의 '玄妙' '惚恍' 등과 유사한 의미로 해석할 수 있다. 그것은 생명의 약동을 위한 모멘텀으로서의 에로스라 말할 수 있는데, 동학에서도 궁궁은 영원히 사는 생명의 부활을 의미한다.

輔國安民: 동학의 정치적 거버넌스. 나를 살리고 나라를 살린다. '人乃天' '吾心則汝心'을 거쳐 혁명적인 인권을 적시한 동학이 '후천개벽'을 통해 궁극적으로 노리는 것은 민주주의를 바탕으로 한 국가의 재구조화다. 우리는 동학의 가장 중요한 정치적 언표인 '군민공치'에서 이를 정확하게 확인·가능하다.

***

먼 옛날 하늘이 처음 열린 이래 봄가을이 번갈아 바뀌듯 네 계절의 성쇠가 규칙적이니, 이 또한 한울님의 조화가 밝고 뚜렷하게 이 세상에 전개된 이유이다. 민중들은 그것이 한울님의 무위이화로 이루어진 것을 잘 알지 못하고, 저절로 그렇게 된 것으로 안다. 상고시대 오제(五帝) 이후 성인이 나타나 일월성신과 천지의 운행 원리를 역서로 만들고 이를 바탕으로 천도(天道)로 정하니, 어느 때는 운동하고 어느 때는 그치며 또한 성취하고 그르치는 것이 모두 한울님의 명을 공경하고 그 이치를 순리로 따르는 이유이다. 고로 사람들은 군자가 되고 학문을 통해 도와 덕을 이루니 그 도는 천도이며, 그 덕은 천덕이다. 그 도를 밝히고 그 덕을 수행하여 군자가 되고 성인의 경지에 이르나니 이 어찌 경탄하지 않을 수 있으랴. 그런데 근래 세상 사람들이 제멋대로 행하면서 하늘의 이치를 따르지 않고 한울님의 명을 돌아보지 아니하므로 마음이 두렵고 불안하여 어디로 가야 할지 알 수 없었다. 경신년(1860)에 이르러 소문을 들으니 서양인들은 하늘의 뜻이라 하면서, 재물을 탐하는 대신 천하를 공격해 취하고(식민지 건설) 교회를 세운 후 기독교를 전파한다고 하므로 나 역시 '과연 그럴까 왜 그럴까' 하는 의문이 들었다. 그러던 중 뜻하지 않게 그해 4월 마음이 오싹하고 몸이 떨려 무슨 증상인지 말로 형용하기 어려운 가운데 계시가 있었다. 깜짝 놀라 여쭈니 가로되 "두려워하지 말고 겁내지 말라. 세인들이 모두 나를 상제라 부르는데 너는 상제를 모르느냐. 그러한 연유를 물은 즉, 나 또한 무공(無功)하였던 바, 너를 보내 사람들에게 천도를 교화하고자 하니 의심하지 말지어다." 다시 묻기를 "서도로 교화하라는 뜻입니까?" "그렇지 않다. 내게 영부(신령한 부적)가 있으니 이름하여 권약(신비한 약)이라 하는데, 모양은 태극 같기도 하며 (또한) '궁궁' 같기도 하다. 이 부적(弓乙符)을 받아 민중들을 병으로부터 구제하고 주문으로 나의 말을 믿도록 하면 너 또한 영원히 살 것이며 포덕천하를 이루게 될 것이다." 상제의 말씀에 감동해 그 부적을 받아 불에 태워 그 재를 물에 타서 마시니 곧 몸이 윤택해지고 병에 차도가 있으니, 그것이 곧 선약(仙藥)임을 알겠노라. 그렇지만 병에 사용해 보니 어떤 사람에게는 차도가 있고 또 다른 사람에게는 없어서, 왜 그런지 단서를 찾지 못해 그 까닭을 살펴보니, 지극정성으로 천주를 위하는 사람은 매번 들어맞았고, 천도와 천덕을 따르지 않는 자는 효험이 없었으니, 이 차이는 곧 부적을 받는 사람의 정성과 공경하는 태도의 차이가 아니겠는가. 근래 우리나라는 병이 창궐해 백성들이 단 하루도 편한 날이 없으니 이 역시 나쁜 운수다. 양이들은 싸우면 이기고 침략하면 식민지화하니, 천하가 다 멸하면 순망치한의 고통을 감수해야 할 것이나, (그렇더라도) 장차 보국안민의 계책을 어디서 구할 수 있겠는가. 아! 슬프다. 세인들은 시운을 알지 못해 내 말을 듣고는 집에 들어가서 마음속으로 아니라 하고 밖에 나와서는 수군거리며 천도와 천덕의 순리에 따르지 않으니 심히 두렵다. 심지어 현자 가운데도 그렇지 않다고 하니 세상을 어찌할 도리가 없음에 개탄스러울 따름이다. 잊지 않도록 간략하게 기록하여 남기니, 공경하는 마음으로 이 글을 받아 훈사로 삼고 흠모하도록 하라.

[메모]

왜 동학인가

19세기 조선 현실을 정확하게 이해하기 위해서 우리는 필연적으로 동학을 정독하라는 요구에 직면한다. 최제우는 그 현실을 「포덕문」에서 "아! 슬프다" 한마디로 명징하게 표현했다. 그 표현은 최제우 자신의 처지에 대한 탄식에서 출발해 궁극적으로 부패하고 무능한 국가에 대한 운명의 정조를 포괄한다. 최제우의 처지에 대한 탄식은 조선의 근본이념인 조선 유학이 태생적으로 안고 있던 신분 차별의 문제에서 맹아한 것이다. 우리는 조선 유학의 부패와 근원적 한계가 사소한 것처럼 보이는 바로 이 문제로부터 기인하고 있다고 판단한다. 로마의 제국화에 결정적 기여를 한 것은 톨레랑스, 그러니까 식민지 인민의 무차별적 관용의 이념이 정의롭게 작동한 결과였다. 공허한 레토릭으로 수많은 변론을 해왔음에도 불구하고, 조선 유학이 현재까지 끈질기게 현실 정치의 유산으로 남긴 최악의 이데올로기 중 하나인 '정쟁'은, 이 이념이 내재하고 있는 인간 차별의 근원적 모순과 함께 조선을 임진(정묘)왜란과 그 300년 후 같은 자들에 의해 치욕적 패망으로 결과한 조선 식민지화에 결정적 단초를 제공한 기표(의)다. 최제우 철학을 정초하고 있는 인내천과 군민공치는 바로 이 조선 유학의 근본적 한계와 부패를 정확하게 통찰한 기의다. '아! 슬프다'는 그러므로 탄식이 아니라 그 시대, 왕조와의 결별을 의미하는 통렬한 조사(弔詞)다. 이를 위해 그는 당시 조선 현실에서는 거의 유일무이하게 자신과 자신의 시대와 국가와 그 이데올로기를 처절하게 해체한 후 분석한다. 그런 점에서 또한 그는 조선사에서 거의 유일한 철학자이며, 정치가 단순히 의견들의 대립이 아니라 시대와의 불일치를 드러내는 것이라는 랑시에르의 미적 정동에 의지할 때 유일한 정치가였으며, 종교가 시대의 고통과 인민의 소외를 직시하는 행위라는 점에서 종교적 진리를 구현한, 거의 유일한 인의 구현자였다. 말하자면 「포덕문」은 그 문제의식을 정초하고 있는 그의 내면의 자화상이다.

論學文

 夫天道者 如無形而有迹 地理者 如廣大而有方者也. 故 天有九星 以應九州 地有八方 而應八卦 而有盈虛迭代之數 無動靜變易之理. 陰陽相均 雖百千萬物 化出於其中 獨惟人最靈者也. 故 定三才之理 出五行之數 五行者 何也. 天爲五行之綱 地爲五行之質 人爲五行之氣 天地人三才之數 於斯可見矣. 四時盛衰 風露霜雪 不失其時 不變其序 如露蒼生 莫知其端 或云天主之恩 或云化工之迹 然而 而恩言之 惟爲不見之事 以工言之 亦爲難狀之言 何者 於古及今 其中未必者也. 夫庚申之年 建巳之月 天下紛亂 民心淆薄 莫知所向之地. 又有怪違之說 崩騰于世間 西洋之人 道成立德 及其造化無事不成 攻鬪干戈 無人在前 中國燒滅 豈可無脣亡之患也. 都緣無也 斯人 道稱西道 學稱天主 敎則聖敎 此非知天時而受天命邪. 擧此一一不已 故 吾亦悚然 只有恨生晩之際 身多戰寒 外有接靈之氣 內有降話之敎 視之不見 聽之不聞 心尙怪訝 修心正氣而問曰 何爲若然也. 人何知之 知天地而無知鬼神 鬼神者 吾也. 及汝無窮無窮之道 修而煉之 制其文敎人 定其法布德 則令汝長生 昭然于天下矣. 吾亦幾至一歲 修而度之 則亦不無自然之

理 故 一以作呪文 一以作降靈之法 一以作不忘之詞 次第道法 猶爲二十一字而已. 轉至辛酉 四方賢士 進我而問 曰今天靈 降臨先生 何爲其然也. 曰受其無往不復之理也. 曰然則 何道以名之. 曰天道也.

曰與洋道 無異者乎. 曰洋學 如斯而有異 如呪而無實 然而運則一也 道則同也 理則非也. 曰何爲其然也. 曰吾道 無爲而化矣. 守其心正其氣 率其性受其敎 化出於自然之中也. 西人 言無次第 書無皂白而頓無爲天主之端 只祝自爲身之謀 身無氣化之神 學無天主之敎 有形無迹 如思無呪 道近虛無 學非天主 愷可謂無異者乎. 曰同道言之 則名其西學也. 曰不然 吾亦 生於東 受於東道雖天道 學則東學 況地分東西 西何謂東 東何謂西孔子 生於魯 風於鄒 鄒魯之風 傳遺於斯世 吾道 受於斯布於斯 豈可謂以西名之者乎. 曰呪文之意 何也. 曰至爲天主之字 故 以呪言之 今文有古文有. 曰降靈之文 何爲其然也. 曰至者 極焉之爲至 氣者 虛靈蒼蒼 無事不涉 無事不命 然而 如形而難狀 如聞而難見 是亦 渾元之一氣也. 今至者 於斯入道 知其氣接之也. 願爲者 請祝之意也. 大降者 氣化之願也. 侍者 內有神靈 外有氣化 一世之人 各知不移者也. 主者 稱其尊而與父母同事者也. 造化者 無爲而化也. 定者 合其德定其心也. 永世者 人之平生也. 不忘者 存想之意也. 萬事者 數之多也. 知者 知其道而受其知也. 故 明明其德 念念不忘 則至化至氣 至於至聖. 曰天心則人心 則何有善惡也. 曰命其人貴賤之殊 定其人苦樂之理 然而 君子之德 氣有正而心有定 故 與天地合其德 小人之德 其不正而心有移 故 與天地違其命 此非盛衰之理也. 曰一世之人 何不敬天主也. 曰臨死號天 人之常情 而命乃在天 天

生萬民 古之聖人所謂 而尙今彌留 然而 似然非然之間 未知詳然 之故也. 曰毀道者 何也. 曰猶或可也. 曰何以可也. 曰吾道 今不聞 古不聞之事 今不比古不比之法也. 修者 如虛而有實 聞者 如實而 有虛也. 曰反道而歸者 何也. 曰斯人者 不足擧論也. 曰胡不擧論 也. 曰敬而遠之. 曰前何心而後何心也. 曰草上之風也. 曰然則 何 以降靈也. 曰不擇善惡也. 曰無害無德也. 曰堯舜之世 民皆爲堯舜 斯世之運 與世同歸 有害有德 在於天主 不在於我也. 一一究心 則害及其身 未詳知之 然而 斯人亨福 不可使聞於他人 非君之所 問也 非我之所關也. 嗚呼 噫噫. 諸君之問道 何若是明明也. 雖我 拙文 未及於精義正宗 然而 矯其人 修其身 養其才 正其心 豈何 有岐貳之端乎. 凡天地無窮之數 道之無極之理 皆在此書 惟我諸 君 敬受此書 以助聖德 於我比之 則悅若甘受和白受采 吾今樂道 不勝欽歎 故 論而言之 諭而示之 明而察之 不失玄機.

***

夫天道者 如無形而有迹 地理者 如廣大而有方者也: 최제우의 우주관은 『주역』 등에 의지하고 있는 것처럼 보이는데, 노자의 '天長地久(천장지구)'나 '有物混成(유물혼성)'의 장을 통해서도 도움 받을 수 있다. 노자는 우주를 포함한 천지의 광대무변함을 지구의 생명 활동으로 이해하는 것처럼 보인다. 즉 지구도 지구 안의 다른 유기체가 그러한 것처럼 스스로 생명 활동을 통해 인간의 욕망으로 축적된 물적, 내면적 기제들을 평형 상태로 되돌리기 위한 다양한 운동을 한다. 그것을 제

임스 러브록은 '가이아 가설'을 통해 적시한 바 있는데, 노자는 '유물혼성(有物混成)'이나 '적혜요혜(寂兮寥兮)'로 언명한다. 최제우가 팔괘나 오행에서 말하는 것과 유사한 발상이다. 즉 '大曰逝 逝曰遠 遠曰反'이라고 운동원리를 말하는 대목에서 우리는 '엔트로피는 증가한다'라는 열역학 제2법칙이나 지구의 끝 '오메가 포인트'에서 새로 시작하는 샤르댕의 '다음 생명'의 현상을 유추해 보게 된다.

無動靜變易之理: 우주와 지구를 포함한 세계를 지속적 운동의 과정으로 이해하고 있다는 점에서 최제우는 지구가 태양을 중심으로 돌고 있으며, 지구 자체도 기우뚱한 균형을 유지하며 자전하고 있다는 과학적 이해와 괘를 같이한다고 볼 수 있다.

八卦: 乾坎艮震巽離坤兌. 우주와 자연을 구성하는 기본을 하늘, 땅, 못, 불, 지진, 바람, 산, 물로 규정하고 이를 아래와 같이 도표화하였다. 괘를 구성하는 기본 요소는 긴선(양)과 짧은 선(음)으로 표기하는데, 이는 서로 대립되는 개념, 현상들의 관계를 상징한다. 중국 주역의 기본 도형에서 유래하였으며, 동아시아의 역(易)에 영향을 끼쳤다. 태극

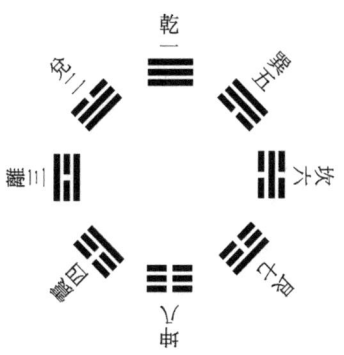

기의 구성 원리도 이를 응용한 것이다.

五行: 만물의 생성 변화에 관여하는 다섯 요소. 金木水火土.

視之不見 聽之不聞: 노자 14장에는 "視之不見, 名曰夷, 聽之不聞, 名曰希, 搏之不得, 名曰微. 此三者不可致詰, 故混而爲一. 其上不皦, 其下不昧, 繩繩兮不可名. 復歸於無物, 是爲無狀之狀, 無物之象, 是爲惚恍. 迎之不見其首, 隨之不見其後. 執古之道, 以御今之有, 能知古始, 是謂道紀"라고 언술하고 있는데, 여기서 눈여겨보아야 할 것은 도가 아니라 '이,' '희,' '미'라는 수사적 어사이다. 아마도 들뢰즈의 '초월적 경험론'으로 설명될 수도 있을 '기관 없는 몸체'에 대한 설명이나, 단순하게 물리적 조건으로는 설명되지 않는, 화이트헤드가 더 좋은 삶을 위한 방략에서 심미적 충동이라고 말한, 모호하고(vague), 희미하게(dim), 동요하며(vacillating) 우리의 내면 깊은 곳에 뒤섞여 있는 상태로서의 원초적 본성(primordial nature)과 관련된 사변적 상상을 생각해 볼 수 있을 것이다. 노자는 그것을 유물혼성(有物混成)이라고 했다. 유물혼성이란 노자 25장에서 전개하고 있는 것처럼, "有物混成, 先天地生, 寂兮寥兮, 獨立不改, 周行而不殆, 可以爲天下母. 吾不知其名, 字之曰道, 强爲之名曰大, 大曰逝, 逝曰遠, 遠曰反. 故道大, 天大, 地大, 王亦大, 域中有四大, 而王居其一焉. 人法地, 地法天, 天法道, 道法自然"으로[1] 수렴된다. 다시 말해 유물혼성은 고요하고 텅 빈 어떤 것이 혼돈 속에 생성된, 말하자면 이 세계의 생명을 이루는 탯줄(母)로, 정확하게 무엇이라고 명명하기 어려운 어떤 것이다. 우주와 지구의 탄생 과정을 묘사하고 있는 듯한 이 대목에서 우리는 대체로 미궁 속에 빠진다. 문제는 그러므로 유물혼성을 어떻게 이해해야 하는가이다. 이와 함께 25장의 지문에서 면밀하게 살펴보아야 할 것은 '도'가

아니라 '자연'이다. 여기서 자연은 인간에게 대상으로 존재하는 물리적 자연이 아니라, 상태나 속성을 서술하는 기능의 측면에 주목해야 할 필요가 있다. 그렇다면 도는 '유물혼성'과 '적혜요혜'에 구속된다. '정치의 본질이 불일치'라는 면에서 노자의 도는 우리에게 보이지 않았던 정치의 미시적 덕목들 사이의 틈을 현시한다. 그런 의미에서 '시지불견(視之不見)'은 보려고 해도 보이지 않았던 것의 정체를 알게 해주는 '이,' '희,' '미,' 즉 세 개의 개념어들 사이에서 운동하는 무엇이다. 그 운동하는 무엇을 '생명의 약동'이라고 할 수 있다면, 노자 정치학의 궁극은 삶의 도약을 가능하게 하는 에너지로서의 에로스라고 말할 수 있을 것이다. 말하자면 최제우의 동학의 핵심 개념어인 '侍(시)'와 함께 동학의 키워드도 이 에피스테메의 범주에서 이해해야 하지 않을까 판단한다.

修心正氣: 동학의 입문에 가장 중요한 개념. 최제우는 '先信後誠'을 강조한 바 있는데, 마음이 동하여 신뢰가 형성되어야 종교적 수행의 궁극에 이를 수 있다.

吾心卽汝心: '인내천'의 가장 중요한 테제가 '내 마음이 곧 네 마음이다'라는 전일적 세계관이다.

無往不復之理: 천지의 원리는 나아가면 돌아오는 이치가 있다. 노자 14장 '復歸於無物'이나 노자 7장 '天長地久'의 지문을 통해서도 연역해 볼 수 있다. 지구 안의 만물은 지속적인 운동 속에 있는데, 그 운동의 과정은 가득 차면 비우는 변증적 그것이다. 한편 제임스 러브록은 지구도 지구 안의 다른 모든 생명체들처럼 스스로 생명 활동을 통해 관계의 역동성을 구현해 나간다고 주장했다. 이런 가이아의 생명 활동은 도의 무위적 특징을 은유한다.

渾元一氣: 크고 으뜸이 되는 기. 세상 모든 만물은 카오스적 기로 이뤄져 있다. 노자 21장.

無爲而化: "爲無爲則無不治." 무위로 정치를 하면 이루지 못하는 것이 없다. 이것은 무위자연, 혹은 도법자연의 논리와 상동성을 띤다.

侍: 동학을 단 한 자로 표현한다면 바로 이 '모심'이 될 수 있다. 최제우는 "侍者 內有神靈 外有氣化 一世之人 各知不移者也"이라고 정의함으로써 동학이 포획하고 있는 우주론적 통찰을 이 한 자에 포괄적으로 적시하고 있다.

***

대저 천도는 무형인 것 같지만 자취가 있고, 지리는 광대무변한 것 같지만 방위가 있다. 고로 하늘에는 아홉 개의 별이 아홉 개의 주에 대응하고, 땅에는 여덟 개의 방위가 여덟 개의 괘에 대응하여 차거나 비는 것이 서로 바뀔 수는 있어도, 운동하고 정지하는 것이 바뀌는 이치는 없다. 음양의 조화 속에서 만물이 생성되었는데 그중 오직 인간만이 우뚝하다. 고로 삼재의 이치를 정하고 오행의 수를 만들었으니 과연 오행이란 무엇인가? 하늘은 오행의 벼리가 되고 땅은 오행의 바탕이 되며 사람은 오행의 기운을 이루나니 천지인 삼재의 수를 (미루어) 짐작할 수 있다. 사시성쇠 풍로상설의 때와 질서가 불변하니 아침이슬 같은 세상 사람들은 그 실마리를 알지 못한 채, 혹은 천주의 은혜라고 하고 혹은 저절로 그렇게 되었다고 하나, 천주의 은혜라고 해도 볼 수 없는 일이요 저절로 그리되었다 해도 역시 그 형상을 말하기 어려운 것은 마찬가지다. 왜 그런가. 고금을 통하여 그 이치를 알지 못하기 때문이다. 경신년 음력 4월 천하가 어지럽고 민심이 흉흉하여 어디로 가야할지 알지 못하는데, 또한 괴이하고 수상한 소문이 세간에 떠돌기를 '서양인들은 도와 덕을 이뤄 그 조화를 이루지 못하는 일이 없고. 공격하여 싸우면 그 앞에 당할 자가 없다'고 하니, 중국이 소멸하면 순망치한의 고통을 감당할 수 있겠는가? 무슨 연유가 있는 것은 아니지만 이 사람들은 자신의 도를 서도라 칭하고 그 학을 천주학이라 하며 성스러운 가르침이라 하니, 이는 천시를 알고 천명을 받은 것이 아니겠는가? 이를 들어 하나하나 거론하면 끝이 없어 나 역시 두려워 그들보다 늦게 태어난 것을 한스러워할 때에, 몸이 떨리면서 밖으로 신령함의 기운을 접하고 안으로는 강화의 가르침이 있으나 보려고 해도 보이지 않고 들으려고 해도 들리지 않아 마음이 더욱 괴이하고 의아하므로, 마음을 정제하여 바르게 하고 묻기를 "어찌하여 그러합니까?" 답하기를 "내 마음이 곧 네 마음이다. 사람들이 어떻게 그것을 알겠는가. 천지가 알고 있지만 귀신만 모른다. 귀신이 곧 나다. 네게 무궁한 도를 줄 것이니 정진하여 글을 지은 후 사람들을 교화하고 그들에게 덕을 널리 펴면 곧 너를 장생하게 하여 온 세상을 밝게 펼 수 있을 것이다." 나 역시 1년이 거의 다하도록 수신하였던 바, 그러한 이치가 없지 아니하므로, 한편으로는 주문을 짓고 다른 한편으로는 강령의 법을 지었으며, 또 한편으로는 불망의 사를 지으니 도법의 순서와 절차가 모름지기 21자에 다 있다.

  해가 바뀐 신유년(1861)에 들어 사방에서 어진 선비들이 나에게 와 묻기를 "작금 한울님이 선생에게 강림했다 하니 어찌하여 그렇게 되었습니까?" 답하기를 "가되 돌아오지 아니함이 없는 이치를 받았다." 묻기를 "그렇다면 무슨 도라고 명합니까." 답하기를 "하늘의 도다." 묻기를 "서양의 도와는 어떻게 다릅니까?" 답하기를 "서학은 같은 것 같지만 다르며, 주문을 외는 것도 같으나 서학 주문에는 실함이 없다. 그러나 시대의 운을 타고난 것은 하나요, 도도 같지만 이치가 다르다." 묻기를 "어찌해 그렇습니까?" 답하기를 "나의 도는 억지로 하지 않아도 이루어지니, 그 마음을 지키고 기운을 바르게 하며 그 성품을 본받아 가르침을 받으면 저절로 화하여 나오게 되어 있다. 서인의 말에는 순서가 없고 글의 옳고 그름이 없어서 천주를 위하는 단서를 구할 수 없으니 단지 자기 한 몸만을 꾀할 뿐이다. 몸은 기화의 신령함이 없고 학문에 천주의 가르침이 없으니 형체는 있으나 자취가 없고 그 도는 허무에 가까워 천주의 학문이 아니니 어찌 다르지 않을 수 있겠는가?" 묻기를 "(서양의) 도와 같다고 말하니 곧 서학이라 이름하여도 되겠습니까?" 답하기를 "그렇지 않다. 나 역시 동쪽나라(조선)에서 태어나 동쪽에서 (도를) 받았으니 모름지기 그 도를 천도라 하나 학문으로서는 동학이다. 동서로 땅이 나뉘어 있는데 서를 어찌 동이라 이르며 동을 어찌 서라 이를 수 있겠는가. 공자가 노에서 출생하여 추에서 학풍을 펴니 추로의 학풍이 이 세상에 전하여 온 것처럼, 나의 도 역시 이곳에서 받아서 이곳에서 포덕

하니 어찌 서학이라 부를 수 있겠는가?"

묻기를 "주문의 뜻은 무엇입니까?" 답하기를 "한울님을 위하는 글이므로 주문이라 하였으니 현재의 주문도 있고 옛 주문도 있다." 묻기를 "강령의 글은 어찌하여 그러합니까?" 답하기를 "지(至)는 궁극에 이름을 말하며, 기(氣)란 신령함이 비었으되 창창하여 간섭하지 않는 일이 없으며, 명하지 않는 일이 없다(모든 생명들의 삶에 관여한다). 형체가 있는 것 같지만 형용하기 어렵고 들리는 것 같지만 보기는 어려우니 혼원한 하나의 기운이라 할 것이다. (그러므로) 금지(今至)란 동학에 입문하여 천주의 기운을 접하게 됨을 안다는 뜻이며, 원위란 간절히 청하면서 축원한다는 의미이고, 대강은 기화를 축원한다는 의미이다. 모심이란 안으로 의식의 증대가 있고 밖으로는 복잡화의 증가가 있다. 이를 알아 세상 모든 생명체들은 서로 관계의 역동성을 구현해 나간다는 의미이다. 주란 존경하는 마음으로 부모와 같이 섬긴다는 의미이며, 조화란 무위로 모든 일을 이룬다는 것이며 정이란 천주의 덕에 의지해 그 마음을 가지런히 한다는 것이다. 영세란 사람의 한평생을 말하며 불망이란 마음속에 간직해 잊지 않는다는 뜻이며 만사란 많다는 의미이고 지란 천도를 알아 그 앎을 받는다는 의미이다. 고로 밝은 덕을 생각하고 생각해서 잊지 아니하면 그 지극한 기운이 성인의 경지에 이르게 되는 것이다."

묻기를 "하늘의 마음이 곧 사람의 마음이라면 어찌하여 선과 악이 있는 것입니까?" 답하기를 "사람들에게 귀천이 다르도록 명하고, 고통과 쾌락의 이치를 정하였다. 그런 까닭은 군자의 덕은 기운이 바르고 마음이 정해져 있으므로 천지의 덕에 합일하고 소인의 덕은 바르게 정해져 있지 아니하므로 마음이 흔들려 천지의 명을 위배하게 되나니 이것이 흥하고 쇠하는 이치가 아니고 무엇이겠는가?" 묻기를 "온 세상 사람들이 어찌해 천주를 존경하지 않습니까?" 답하기를 "죽음에 임하여 하늘을 부르는 것은 인지상정인데, 그 명이 하늘에 달려있고 하늘이 만민을 낳았다는 옛 성인의 말이 지금까지 전해져 내려오고 있음에도 불구하고, 그런 것 같기도 하고 그렇지 않은 것 같기도 하게 생각하는 것은 사람들이 그 연유를 자세히 알지 못하기 때문이다." 묻기를 "도를 폄훼하는 것은 어찌해서 그렇습니까?" 답하기를 "혹 그럴 수도 있다." 묻기를 "어찌하여 그렇습니까?" 답하기를 "나의 도는 오늘날에도 듣지 못했고 옛날에도 듣지 못한 일이요. 지금도 비교할 수 없고 옛날에도 비교할 수 없는 법이다. 수신하는 자는 허망한 듯해도 실질이 있고 단지 듣기만 하는 자는 실질이 있을 듯하지만 허망하다." 묻기를 "동학의 도에 반하여 돌아가는 자는 어찌하여 그렇습니까?" 답하기를 "그런 자는 거론할 가치가 없다." 묻기를 "어찌해 거론할 가치가 없다는 것입니까?" 답하기를 "삼가고 멀리하라는 것이다." 묻기를 "도 앞에 나아갈 때는 어떤 마음이고 물러날 때는 어떤 마음입니까?" 답하기를 "바람에 흔들리는 풀과 같다." 묻기를 "그러한데 어찌하여 (그런 사람에게) 강령이 되는 것입니까?" 답하기를 "천주는 선악을 택일하지 않는다." 묻기를 "해도 없고 덕도 없다는 뜻입니까?" 답하기를 "요순시대에는 백성들이 모두 요순이 되었으니 세상의 운수도 모두 이와 더불어 돌아가나니 해가 있든 덕이 있든 하늘에 달려있는 것이지 나에게 있는 것이 아니다. 일일이 마음으로 탐구해보니 해가 어떤 사람에게 미친다는 것은 자세히 알 수 없으나, 그런 사람들이 복을 누린다는 말은 다른 사람들이 듣게 해서도 안 되고 굳이 물어서도 안 되며 또한 내가 관여할 바도 아니다."

아, 아! 제군이 도를 묻는 것이 어찌하면 이렇게 밝고 또 밝은가! 비록 내 졸문이 마음으로부터 의로움과 바른 원리에 미치지 못하더라도 사람들을 다잡아 수신하고 재능을 길러 마음을 바르게 하는데 어찌 다른 길이 있겠는가. 무릇 천지의 무궁한 수와 도의 무극한 이치를 모두 이 글에 실었으니 오직 제군들은 공경하는 마음으로 이 글을 받아 성덕을 이루는 데 보탬이 되도록 하라. 굳이 비유를 한다면 이는 단맛이 모든 다른 맛과 어울리고 흰색이 다른 색을 잘 받아들이는 것과 같다. 내 이제 도를 즐김에 그 기쁨을 이기지 못하여 논하여 말하고 깨우쳐 보이나니 밝게 살펴서 현기를 잃지 말라.

[메모]

'모심(侍)'의 에피스테메

동학을 관통하는 단 하나의 주제어는 "至氣今至 遠爲大降

侍天主 造化定 永世不忘 万事知"이며, 이 21자 주문을 통어하는 화두는 '侍(모심)'이다. 최제우는 동학의 진리를 구조하고 있는 이 장을 심혈을 기울여 기획-기록하고 있다. 그가 특별히 문답 형식으로 작성한 동학문은 왜 동학인가, 동학의 진리란 무엇인가, 동시대 왜 동학이 인민의 '무극대도'를 실천할 주요한 테제가 될 수 있는가. 19세기까지 조선 유학을 통하여 진행된 현실을 근본적으로 '후천개벽'하기 위해 국가의 이념을 어떻게 해체-재구조화해야 하는지에 대한 혁명적 질문을 던진다. 이 질문의 연장선상에서 그가 무능하고 부패한 조선 유학과 인민의 미래를 재설계하기 위해 제시한 철학적 화두가 모심(侍)이다. 최제우는 "侍者 內有神靈 外有氣化 一世之人 各知不移者也"라고 세밀하게 주석함으로써 유학적 소양을 넘어서는 통찰을 보여 준다. 그것은 인민을 향한 새로운 종교적 포즈를 취함과 동시에, 스피노자가 17세기 당시 팽만해 있던 데카르트의 신을 전복하여 새로운 가치를 제시한 것과 비근하게, 조선의 유교적 질서를 혁명적으로 전복시킨 사건의 철학으로 평가된다. 정확하게 말해 '시'는 '포태한 여성'에 대한 사랑의 은유로 해석 가능하다. 그것은 최시형의 언술을 통해 확인 가능한데, 한편 이에 더하여 '母'의 노자적 명명을 면밀하게 이해해야 궁극적 진리에 도달할 수 있다. 통념적인 이해와 달리 최제우가 주석한 '시'는 우선 지구 안과 밖의 현상을 동시적인 것으로 해석하는 것이 요구되는데, 즉 태초의 생명현상을 의식의 상승과 함께 물적 변화가 동시에 진화의 과정에 발생하는 것으로 직시해야 할 필요가 있을 때가 그것이다. 그럴 때 '내

유신령 외유기화'는 "물질의 종합상태가 증가하면서 그와 함께 의식이 팽창한다(밖으로 드러난다)"라는 테야르 드 샤르댕의 통찰에 근접할 수 있다. 그러니까 지구 전체의 진화 과정에 인간의 생명 탄생과 생명 활동의 진화가 함께하고 있으며, 그렇기 때문에 '일세지인 각지불이자야'를, "최초의 세포집합은 처음부터 서로 의존하는 형태로 연결되어 있"음을 깨닫고, 세상 사람들은 공경(/모심)의 마음으로 서로 도와야 한다는 해석이 가능하다. 요약하면, 생명 활동의 본질에는 사랑으로 특징지어지는 '모심'이 있는데, 이는 의식의 팽창 과정과 동시에 출현한 것이다. 샤르댕은 이를 "만일 아주 미약하나마 분자에게도 서로 하나가 되려는 욕구가 없었다면 높은 단계인 인간에게서 사랑이 나타나는 것은 물리적으로 불가능하다. 우리에게 사랑이 있다고 하려면 존재하는 모든 것에는 모두 사랑이 있다고 해야 한다. 우리 둘레에서 수렴하며 올라가는 의식들 어디에도 사랑은 빠지지 않는다. … 사랑의 힘으로 세상의 조각들이 모여 생명을 이룬다"('一世之人 各知不移者也')라고 언술한다. 우리는 이쯤에서 최제우의 '시' 개념이 플라톤과 쿠자누스의 우주론에 대한 통찰과 근접한 범주 속에 있다는 단서를 발견한다. 그러므로 다시 문제의 핵심은 19세기 조선 상황에 대한 주석이다. 최시형이 그것을 뒷받침했다. 그는 최제우의 '시' 개념을 "人이 胞胎의 時에 此時를 卽 侍字의 義로 解함이 可하랴. 落之以後에 처음으로 侍字의 義가 生할까, 又 大神師 布德降靈의 日에 侍字의 義가 生할까"[2]라고 주석하고 있는데, '포태한 여성에 대한 지극한 공경(모심)'이 생활의 실제에서 모심의 실천적 진리에 값한다. 그러니까 에로스의 모성적 차원이 인간 생명 활동의 본질적 문제와 맞닿아 있는 것이다. 『향연』에서 소크라테스는 연인 디오티마와의 대화 과정에서 에로스가 지혜와 무지 사이에 있으며 늘 지혜를 사랑하기 때문에 아름다운 것 안에서 낳기를 욕망하는 자로 규정한다.[3] 불멸의 사랑을 추구하는 플라톤의 에로스는 생식을 매개로 마침내 욕망의 환유로 치환된다. 소크라테스가 그 화두를 매개한다. 사랑은 (자신이) '가지고 있지 않은 것을 (사랑하는 대상에게) 주는 것'이라는 라캉의 명제는 그러므로 에로스는 아름다움에 대한 사랑이기 때문에 근원적으로 자신이 결여하고 있는 것을 욕망할 수밖에 없다는 플라톤의 실재 목소리와 대면하게 한다. 에로스의 욕망이 현실에 개입할 때 인간은 '자기 것이 되기를 사랑하게' 된다. 그것은 '몸에 있어서 그리고 영혼에 있어서 아름다운 것 안에서 생식'하고자 하는 욕망과 같은 것이다. 플라톤에게 미(to kalon)란 그런 면에서 생식의 아름다움이다. 최시형의 '포태한 여성에 대한 지극한 모심'은 최제우의 원론적 차원의 '시'를 생활의 실제로 구성함으로써, 극적으로 삶의 도약을 촉발한다. 그것의 정치적 실천이 '후천개벽'이며, 동학 인민 봉기는 조선 역사 전체를 통틀어 가장 역동적인 '사랑의 사건'으로 기록된다.

修德文

　元亨利貞 天道之常 惟一執中 人事之察. 故 生而知之 夫子之聖質 學而知之 先儒之相傳 雖有因而得之 淺見薄識 皆由於吾師之盛德 不失於先王之古禮. 余出自東方無了度日 僅保家聲 未免寒士 先祖之忠義 節有餘於龍山 吾王之盛德 歲復回於壬丙 若是餘蔭 不絶如流 家君出世名盖一道 無不士林之共知 德承六世 豈非子孫之餘慶. 噫 學士之平生 光陰之春夢 年至四十 工知芭籬之邊物 心無靑雲之大道 一以作歸去來之辭 一以詠覺非是之句 携筇理履 怳若處士之行 山高水長 莫非先生之風. 龜尾之奇峰怪石 月城金鰲之北 龍湫之淸潭寶溪 古都馬龍之西 園中桃花 恐知魚子之舟 屋前滄波 意在太公之釣 檻臨池塘 無違濂溪之志 亭號龍潭 豈非慕葛之心. 禁歲月之如流 哀臨一日之化仙 孤我一命 年至二八 何以知之 無異童子. 先考平生之事業 無痕於火中 子孫不肖之餘恨 落心於世間 豈不痛哉 豈不惜哉. 心有家庭之業 安知稼穡之役 書無工課之篤 意墜靑雲之志 家産漸哀 未知末梢之如何 年光漸益 可歎身勢之將拙 料難八字 又有寒飢之慮 念來四十 豈無不成之歎 巢穴未定 誰云天地之擴大 所業交違 自憐一身之難

藏. 自是由來 擺脫世間之紛撓 責去胸海之弸結 龍潭古舍 家嚴之
丈席 東都新府 惟我之故鄉 率妻子還捿之日 己未之十月 乘其運
道受之節 庚申之四月 是亦 夢寐之事 難狀之言. 察其易卦大定之
數 心誦三代敬天之理 於是乎 惟知先儒之從命 自歎後學之忘却.
修而煉之 莫非自然 覺來夫子之道 則一理之所定也 論其惟我之
道 則大同而小異也 去其疑訝 則事理之常然 察其古今 則人事之
所爲 不意布德之心 極念致誠之端. 然而彌留 更逢辛酉 時維六月
序屬三夏 良朋滿座 先定其法 賢士問我 又勤布德. 胸藏不死之樂
弓乙其形 口誦長生之呪 三七其字. 開門納客 其數其然 肆筵說
法 其味其如 冠子進退 悅若有三千之班 童子拜拱 倚然有六七之
詠 年高於我 是亦 子貢之禮 歌詠而舞 豈非仲尼之蹈. 仁義禮智
先聖之所敎 修心正氣 惟我之更定 一番致祭 永侍之重盟 萬或罷
去 守誠之故也 衣冠正齊 君子之行 路食手後 賤夫之事 道家不食
一四足之惡肉 陽身所害 又寒泉之急坐 有夫女之防塞 國大典之
所禁 臥高聲之誦呪 我誠道之怠慢 然而肆之 是爲之則. 美哉 吾
道之行 投筆成字 人亦疑王羲之跡 開口唱韻 孰不服樵夫之前 懺
咎斯人 慾不及石氏之賞 極誠其兒 更不羨師曠之聰 容貌之幻態
意仙風之吹臨 宿病之自效 忘盧醫之良名. 雖然 道成德立 在誠在
人 或聞流言而修之 或聞 流呪而誦焉 豈不非哉 豈不憫然 憧憧
我思 靡日不切 彬彬聖德 或恐有誤 是亦 不面之故也 多數之故也
遠方照應而亦不堪相思之懷 近慾敍情而必不無指目之嫌故作此
章 布以示之 賢我諸君 愼聽吾言. 大抵此道 心信爲誠 以信爲幻
人而言之 言之其中 曰可曰否 取可退否 再思心定 定之後言 不信
曰信 如思修之 乃成其誠 誠與信兮 其則不遠 人言以成 先信後誠

吾今明諭 豈非信言 敬而誠之 無違訓辭.

***

元亨利貞: 한울님 곧 천주로 인하여 조화를 이루게 된 도와 덕.

執中: 중용의 도.

夫子: 공자

覺非: 陶淵明의 '覺今是而昨非'

山高水長: 光武帝와 嚴子陵의 고사. '선생의 품격은 높은 산의 정기와 장강의 유장함에 비견할 만하다.'

園中桃花 恐知魚子之舟: 陶淵明의 『桃花源記』고사. 무릉도원.

太公之釣: 강태공의 낚시.

檻臨池塘 無違濂溪之志: 周敦頤의 태극도설.

亭號龍潭 豈非慕葛之心: 경주 용담정의 명명이 제갈량을 흠모하는 마음과 같다.

丈席: 학문과 덕망이 뛰어난 선비와 학자의 자리.

化仙: 신선으로 변함. 인간의 죽음에 대한 고매한 표현.

大定之數: 천지자연의 질서를 상징하는 수. 하늘을 상징하는 천수(1, 3, 5, 7, 9), 땅을 상징하는 지수(2, 4, 6, 8)가 있다. 천수와 지수를 합하면 55가 되는데, 이 수에서 음양의 변화가 일어난다 하여 대정수라 함.

弓乙: 弓弓乙乙의 약자. 弓弓乙乙은 약의 파자. 종이에 弓자와 乙자를 이은 모양의 그림을 그려 불에 사르고 남은 재를 물에 타 마시는 의식.

六七之詠: 孔子와 曾晳의 우화.
仲尼之蹈: 시를 읊고 춤추기를 좋아했던 공자의 고사.
一番致祭: 동학의 入道式.
石崇: 진나라 때의 대부호.
師曠: 진나라 때 음악가.

***

하늘의 도는 원형이정의 원리에 기초한다. 집중하여 (그 도를) 살피는 것은 사람이 해야 할 으뜸의 일이다. 그렇기 때문에 나면서부터 아는 것은 공자의 성스러운 자질이고, 배워서 아는 것은 앞선 선비들이 서로 전하는 바다. 비록 어렵게 애써 얻은 것이 소견이 천하고 지식이 얕더라도 모두 나의 스승의 성덕으로부터 말미암음이니 (이로 인하여) 선왕의 옛 법이 지켜져 올 수 있었다. 나는 동방(조선)에서 태어나 하는 일 없이 날을 보내다 겨우 가문의 이름이나 보존하는 빈한한 선비를 면하지 못했다. (그러나) 선조의 충의는 경주 용산서원에 남아 있고, 임금(순조)의 성덕은 임진년(왜란)과 병자년(호란)을 다시 상기하게 했다. 이처럼 조상의 음덕이 면면이 이어져 내려와 부친께서 나시니 그 이름이 온 도에 널리 퍼져 사림 가운데 모르는 사람이 없었다. 그 덕이 여섯 대를 이었으니 어찌 자손들의 경사가 아니겠는가. (그러나) 슬프다! 글하는 선비였던 부친의 평생은 한갓 봄꿈과 같았으니, 마흔에 이르도록 아시는 것은 겨우

울타리 가에 난 파초 정도가 전부이고, 마음에는 큰 관직에 대한 미련이 없으셨다. 한편으로는 '귀거래사'를(도연명), 다른 한편으로는 '각비'의 시구를 읊으시며, 지팡이에 나막신의 모습은 처사의 행장과 같았으나, 인품은 '산고수장'에 비견할 풍격이셨다. 구미산의 기묘한 봉우리와 괴이한 바위들은 월성과 금오산 북쪽에 있고, 용추의 맑은 못과 보배로운 시내는 옛 도읍 마룡리 쪽에 있다. 정원에 복숭아꽃 고기잡이배가 볼까 두렵고, 집 앞 푸른 물은 그 뜻이 강태공의 낚시질을 닮았다. 정자 난간이 연못 가까이 있으니 주렴계의 뜻에 어긋남이 없는데, 그 정자 이름이 용담이니 제갈량을 연모하는 마음이 아니겠는가. 세월이 유수와 같아 어느 날 부친의 화선을 당하여 슬퍼우니 고아와 같은 내 인생 16세에 이르렀다. 무엇을 알았겠는가? 동자와 다르지 않았다. 더불어 부친의 평생 동안 업이 화마로 흔적조차 없게 되었으니 자손의 못난 여한은 세상을 원망할 따름이다. 애통하고 또 애석하다. 심중에 가정의 살림에 대한 근심이 있었으나 어찌 농사일을 알겠는가. 설상가상으로 공부의 돈독함마저 없었으니 벼슬의 뜻을 아예 접었다. 집안 살림이 점차 줄어 그 끝이 어찌 될지 알지 못하겠고, 나이 또한 더해 감에 가히 신세가 장차 곤경에 처할 것을 탄식하노라. 타고난 팔자를 곰곰 생각해 보니 다시 춥고 굶주릴 것 같은 근심에 나이 마흔에 이르렀는데 이루지 못한 것에 대한 탄식이 없겠는가. 거둘 곳을 아직 정하지도 못했는데 누가 천지의 넓고 큼을 운위할 것이며 하고자 하는 일마다 어긋났으니 스스로 이 한 몸 간수하기 어려움을 불쌍히 여길 뿐이다. 이때부터 세상의 어지러운 일을 떨쳐 버리고 가슴속에 묻어 둔 온갖 번뇌와 고민을 스스로 책망하면서 털어 버렸다. 용담의 옛집은 가친이 학문과 덕망이 뛰어나 선비들을 가르치던 자리이며 동방 신라의 수도였던 경주는 바로 내 고향이다. 처자식을 거느리고 고향으로 돌아온 날이 기미년 10월(1859)이며, 그 운수로 도를 받은 때가 경신년(1860) 사월인데, 이 또한 잠자다 꿈꾸듯 일어난 일로 말로 형용하기 어렵다. 그 역괘의 대정수를 살피고 삼대(夏, 殷, 周)에 걸쳐 하늘의 이치를 공경하던 마음을 속으로 외니, 이제야 앞선 선비들이 천명을 따랐던 것을 알겠고, 후학이 이를 망각한 것을 탄식하였다. 닦고 익히니 스스로 그러하지 않음이 없었다. 공자의 도를 깨닫고 보니 한 가지(나의 도와 공자의 도가 같은) 이치를 정한 바로, 굳이 논한다면 나의 도와 대동소이하다. 의심하는 마음을 버리니 사리가 분명해지고 예와 오늘의 일을 살피니 사람이 마땅히 해야 할 바를 알겠다. 덕을 펴는 데는 뜻을 두지 않고 오직 정성을 다하는 일만 생각했다. 그렇게 해 오다 다시 신유년(1861)을 맞이하니 때는 6월이요 계절은 바로 여름이었다. 좋은 벗들이 자리를 가득 메웠기에 먼저 도 닦는 법을 정하고 나니 어진 선비들이 내게 도에 대해 묻고 또 덕을 베풀기를 권했다. 가슴에 불사의 약을 지녔으니 궁을 모양이요, 입으로 장생의 주문을 외니 그 글자 21자이다. 문을 열고 손을 맞으니 그 숫자 그만저만하고, 자리를 펴고 설법하니 그 맛 또한 그럴듯했다. 갓 쓴 어른들이 나아가고 물러가는 모습은 마치 공자의 삼천 제자의 반열(班列) 같았고, 동자가 공손하게 절하는 모습은 마치 공자의 제자 증석이 육칠을 노래함과 같았다. 나이 많은 제자가 있으니 이는 마치 공자를 모신 자공의 예와 같고, 노래하고 춤추는 모습은 옛날 공자가 제자들을 거느리고 큰 나무 아래서 춤추고 노래한 것과 같은 것이 아니고 무엇이겠는가. 인의예지는 옛 성인이신 공자가 가르친 바요, 수심정기는 오직 내가 정한 바이다. 입도식에서 한 번 제사를 올리는 것은 천주를 길이 모시겠다고 맹세하는 것이고, 모든 의혹을 떨쳐 버리는 것은 정성으로 천주를 지키려는(믿기 위한) 연유이다. 의관이 단정한 것은 군자가 취할 바요, 길에서 먹거나 뒷짐을 지는 것은 천한 자들이 하는 일이다. 도가에서는 네발 가진 짐승의 나쁜 고기를 먹지 말아야 하며, 찬물에 급히 들어가는 것도 따뜻한 몸에 해롭다. 남편 있는 여자를 취하는 것은 국법이 금하는 바이며, 누워서 큰소리로 주문을 외는 것은 성도를 태만히 하는 일이다. 그리하여 이렇게 정했느니 이를 규범으로 삼도록 하라. 아름답구나! 도를 행함이여! 붓을 들어 글을 완성하니 왕희지의 솜씨인가 의심하고, 입을 열어 운율에 맞게 노래하면 누가 나무꾼 앞에서 감복하지 않겠는가. 허물을 뉘우친 사람은 석숭의 재물을 탐하지 아니하고, 정성이 지극한 아이는 사광의 총명을 부러워하지 않노라. 용모가 크게 바뀌니 짐작컨대 신선의 풍취와 같고, 오랜 병이 저절로 나으니 명의 노의의 이름마저 잊을 만하다. 그러니 도를 이루고 덕을 세우는 사람의 정성에 달려 있는 것이다. 어떤 사람은 떠도는 말에 현혹되어 수양하며, 또 어떤 사람은 떠도는 주문을 듣고 도를 닦는다. 어찌 잘못이 아니고 어찌 민망하지 않겠는가. 안타까운 내 마음은 간절하지 아니한 날이 없나니 찬란히 빛나는 성덕에 혹시 누가 되지 않을까 두렵다. 이런 걱정 역시 서로 만나지 못한 까닭이요 도인의 수가 많은 탓이다. 멀리 있어도 마음은 서로 비추고 응하지만, 서로 사모하는 회포를 감당하지는 못하며, 가까이 모여 정을 나누고 싶어도 지목받을 염려가 또한 없지 아니하다. 그러므로 이 글을 지어 펴서 보이는 바이니 현명한 그대들은 삼가 내 말을 경청하도록 하라. 무릇 이 도는 마음의 확고한 믿음이 있어야 정성이 따른다. 믿을 신(信) 자를 풀어 보면 사람(人)의 말(言)이다. 말 가운데는 옳고 그름이 있으니 옳은 말은 취하고 그른 말은 버리되, 생각하고 또 생각해서 정하도록 하라. 한번 정한 후에 다른 말을 믿지 않는 것을 일러 믿음이라 한다. 이렇게 한 다음 도를 닦으면 내가 말하는 참됨을 이룰 것이다. 참됨과 믿음이여! 그 규범은 멀리 있는 것이 아니니, 먼저 믿고 그 다음에 정성을 다하도록 하라. 내가 지금 명백하게 일러 주노니 어찌 믿지 아니하겠는가. 공경과 정성을 다해 이 훈사를 어기지 않도록 하라.

不然其然

歌曰而千古之萬物兮 各有成各有形 所見而論之 則其然而似然 所自以度之 則其遠而甚遠 是亦 杳然之事 難測之言. 我思我 則父母在兹 後思後 則子孫存彼 來世而比之 則理無異於我思我 去世而尋之 則惑難分於人爲人. 噫如斯之忖度兮 由其然而看之 則其然如其然 深不然而思之 則不然又不然. 何者 太古兮 天皇氏 豈爲人豈爲王 斯人之無根兮 胡不曰不然也 世間 孰能無父母之人考其先 則其然其然 又其然之故也. 然而爲世 作之君作之師 君者 以法造之 師者 以禮敎之 君無傳位之君 而法綱何受 師無受訓之師 以禮義安效 不知也不知也 生而知之而然耶 無爲化也而然耶 以知而言之 心在於暗暗之中 以化而言之 理遠於茫茫之間 夫如是 則不知不然 故 不曰不然 乃知其然 故 乃恃其然者也. 於是而揣其末究其本 則物爲物理爲理之大業 幾遠矣哉. 況又斯世之人兮 胡無知胡無知 數定之幾年兮 運自來而復之 古今之不變兮 豈謂運豈謂復 於萬物之不然兮 數之而明之 記之而鑑之. 四時之有序兮 胡爲然胡爲然 山上之有水兮 其可然其可然 赤子之穉穉兮 不言知夫父母 胡無知胡無知 斯世之人兮 胡無知 聖人之以生

兮 河一淸千年 運自來而復歇 水自知而變歇. 耕牛之聞言兮 如有心如有知 以力之足爲兮 何以苦何以死 烏子之反哺兮 彼亦知夫孝悌 玄鳥之知主兮 貧亦歸貧亦歸. 是故 難必者不然 易斷者其然 比之於究其遠 則不然不然 又不然之事 付之於造物者 則其然其然 又其然之理哉.

***

不然其然: 베이트슨의 이중 구속, 혹은 데리다의 차연과의 관계 속에서 논의되어야 함.
無根: 天皇氏는 (중국) 최초의 왕이므로 뿌리가 없다.
無爲化: 無爲而化
山上之有水: 주역 수산건괘 대상에 '산 위에 물이 있으니 건괘로다. 군자는 자신을 반성하고 덕을 닦는다'의 고사. '운이 다했을 때 군자는 자신을 반성하고 덕을 닦아 다가올 새로운 운수를 기다린다.'
河一淸千年: 황하.
烏子之反哺: 反哺之孝

***

노래에 가로되 '천고만물이여! 제각기 이룸이 있고 형상이 있도다.' 얼핏 본 대로 말하면 그렇고 그럴듯하지만 어디로부터 유래했는지 깊이 살펴본다면 멀고도 멀 뿐만 아니라 또한 아득한 옛일이어서 헤아리기 어려운 말이다. 내가 나를 생각해 보면 부모가 여기 계시고 후세를 가늠해 보면 자손이 저기 있다. 다가오는 세상을 견주어 보니 그 이치가 내가 나를 생각하는 이치와 다름없으나 지나간 세상에서 찾으려 하니 사람이 어떻게 해서 사람이 되었는지 분간하여 알기 어렵다. 아! 이와 같이 헤아림이여. 그러한 이치로 보면 그렇고 그러하지만 그렇지 아니한 이치로 깊이 생각해 보면 그렇지 아니하고 또 그렇지 아니하다. 어떻게 옛날 천황씨는 사람이 되었으며, 임금이 되었는가? 이 사람에게는 뿌리가 없나니 어찌 그렇지 않다고 말할 수 있겠는가? 세상에 누가 부모 없는 사람이 있겠냐마는 그 선조를 거슬러 올라가 살펴보면 그렇고 그러하며 또 그런 까닭이 있다. 그러나 세상이 처음 만들어지면서 임금이 나오고 스승도 나와, 임금은 법으로 백성을 다스리고 스승은 예의로 가르치게 되었다. 그런데 최초의 임금은 임금의 자리를 전해 준 임금이 없었는데 법의 강령을 어디에서 받았으며, 최초의 스승은 가르침을 받은 스승이 없었는데 예의를 누구로부터 받았을까? 알지 못하고 알지 못하겠다. 태어나면서 알았을까. 아니면 저절로 그리되었을까. 태어나면서부터 알게 되었다 해도 마음은 깊은 어둠 속이고 저절로 그리되었다 해도 아득해 그 이치를 알 수 없다. 무릇 이와 같아 그렇지 아니한 까닭을 알지 못하기 때문에 그렇지 않다고 말하지 못하는 것이며, 그런 까닭을 알기 때문에 그러하다고 믿게 되는 것이다. 이에 그 말단을 헤아리고 그 근본을 탐구해 보니 사물이 사물 되고 이치가 이치 되는 큰일이 얼마나 멀고도 먼 일인가. 세상 사람들이여 어찌하여 알지 못하고 알지 못하는가. 천지의 운수가 정해진 지 몇 해가 되었는가. 시운이 스스로 와서 회복되도다. 하늘의 도는 예나 지금이나 변하지 않음이여! 어찌해 시운이라 하고 어찌해 회복한다 하는가. 만물의 그렇지 아니함이여 헤아려 밝히고 기록해 거울삼게 하노라. 네 계절의 질서 정연함이여! 어찌해 그렇게 되고 어찌해 그리되었는가. 산 위에 물이 있음이여! 가히 그럴 만하고 또 그럴 만하다. 어린아이의 어리석음이여! 말을 못해도 제 부모를 알아보나니 어찌 알지 못하고 알지 못한다 하겠는가. 이 세상 사람들이여! 어찌 알지 못하는가. 성인이 태어나심이여! 황하가 천년에 한 번 맑아지는 것과 같도다. 시운이 저절로 도래해 회복된 것인가 물이 저절로 알아서 변한 것인가. 밭 가는 소가 말을 알아들음이여! 마음이 있는 듯하고 아는 것이 있는 것 같도다. 있는 힘으로 충분히 할 수 있음이여! 어찌해 고생하며 어찌해 죽는 것인가. 까마귀 새끼가 어미에게 먹이를 줌이여! 새들도 효도하고 공경함을 알도다. 제비가 주인을 알아봄이여! 가난해도 돌아오고 가난해도 다시 돌아오는구나. 이런 연고로 단정하기 어려운 것이 그렇지 아니함이요, 쉽게 단정할 수 있는 것이 그러함이다. 근원을 탐구해 견주어 보면 그렇지 않고 그렇지 아니하며 또 그렇지 아니한 일이요, 만물을 만든 존재에 의지해 보면 그렇고 또 그러한 이치가 있는 것이다.

[메모]

미학의 정치, 정치의 미학

거의 대부분 실존들은 일생 동안 인고의 삶이 반복되는 것처럼 보이는 가운데, 미세한 신체적 성장과 정신의 질적 변화를 꾀한다. 그 미시적 변화를 읽는 혜안이 실존적 삶의 각성을 넘어 다른 세계를 가능하게 하는 숙주로 기능할 수 있다. 최제우의 각성이 구체적으로 적시된 불연기연 장에서 우리가 주목하게 되는 것은 부패하고 퇴행적인 조선 유학의 흔적 속에서 그것을 초월하고자 한 놀라운 방법적 자각이다. 19세기 다른 문건들과 견주어 볼 때 최제우의 세계 응시는 질적으로 탁월하거나 정치한 것은 아니다. 그것은 그의 한계이며 동아시아 지식인의 한계로 판단된다. 우리는 그 결과 중국의 무참한 몰락과 지식인들의 견강부회를 목격하게 된다. 이는 조선 후기와 대한제국으로 이어지는 시기의 이 땅 지식인에게도 예외가 아니다. 일본 만이 이 상황에 대한 예외를 스스로 주도했다. 에도막부 말기 무진란과 서남 반란의 과정에서 음모와 암살과 온갖 비열한 책략이 난무하는 가운데 이른바 조슈번과 사쓰마번을 주축으로 의기투합한 사무라이의(하급무사, 혹은 조폭) 시대 장악은 명치유신을 거쳐 새로운 권력의 등장을 예고했고 그들이 내건 '大政御一新'이란 슬로건은 서구식 산업화, 특히 영국식 근대화로 급속히 진행되었으며, 그 과정에 서구식 군대 제도와 무기 체계로의 재편을 강력하게 진행함으로써 그들이 말하는 '脫亞入美'의 제국주의(군국주의) 아류가 되는 결실을 획득했다. 최제우는 이 불투명하고 혼미한 역사적 전개 과정에 대한 독자적 응시가 있었던 조선 유일의 지식인이었다. 우리는 일제 군국주의 강점 이후 조선 사대부들이 보인 거의 전면적인 기회주의를 통해 조선 유교(학)의 허구성과 모순을 적나라하게 분별하게 된다. 불연기연은 이 자기모순에 직면한 지식인의 고뇌를 탁월한 심미적 감각으로 구조한 한 양심적 지식인의 절규이며 지혜의 응축이다. 이황으로 대표되는 조선 유학의 이념적 바벨탑('성학십도')이나 정약용의 이른바 유교적 실용주의('경세유표')가 서구식 산업화와 군국주의로 무장한 일본 식민주의자들에게 무참하게 짓밟힌 행태는, 실패한 혁명이었지만 그것으로 끝나지 않고 공동체의 동의와 열렬한 환호를 통해 식민지 독립운동의 가장 중요한 이데아로 작동했으며 여전히 지속성을 유지하고 있는 동학에 비하면, 궁극적으로 궁색하기 그지없는 것처럼 보인다.

불연기연은 그레고리 베이트슨의 이중 구속에 비견될 만한 최제우 세계 인식의 한 정점이다. 동학의 주요 실천 강령을 수렴하는 미적 지배소로서의 '불연기연'은 동학의 '시'가 원리로 제시하는 사랑을 실재하는 현실의 모순에 적용한 실천 논리이다. 우리는 동학의 무한한 인간 존중과 그것이 현실과 대립 갈등할 때 보여 줄 수 있는 혁명의 역동성을 불연기연의 전혀 새로운 미적 논리에서 발견한다. '侍'가 동학의 이념적 원리를 포괄하고 있는 개념어라면 '不然其然'은 그것을 각론적 차원에서 역동적으로 수행하는 실천 덕목의 기능을 한다. 그것은 그렇기 때문에 사물과 세계를 이해하는 방법적 자각이자, 난망한 역사적 현실과 마주하는 실존적 각성을 추동한다. '불연기연'의 논리 구조는 이중부정, 혹은 이중 긍정이라고 부를 수 있는 세계 이해 방법과 상동성을 띠고 있다. '그러하면서 (동시에) 그렇지 아니하다'의 모순 명제로 압축되는 이 개념어는 양극단, 혹은 개념적 대립쌍에 관한 사물과 세계 이해 방법을 비교적 근사하게 포착해 낸 그레고리 베이트슨의 '이중 구속(double bind)'과 이종 동형이다. 들뢰즈의 '생명' 개념에도 영향을 끼쳤던 베이트슨은 개체에 앞서 그것들 사이에 관계가 먼저 작동한다는 생각을 발전시켜 정신의학과 인간 개체의 행위에 집중적인 관심을 기울인 결과, 두 개의 상반된 메타 메시지(meta message) —"일차명령과 모순되고 그 명령과 마찬가지로 생존을 위협하는 신호나 처벌에 의해 강요되는 이차명령이 가해지는('상대방이 메시지의 두 수준을 표현하면서 하나가 다른 하나를 부정하는 상황')"— 가 한 실존에게 주어졌을 때 그 인간은 분열한다는, 유명한 '베이트슨의 법칙'을 과감하게 위반한다. 세계 이해와 해석에서 이중 구속은 생물학적 차원에서뿐만 아니라 인간의 정신세계, 나아가 사회제도를 포괄하는 위력을 발휘할 수 있다. 이를 위해서는 논리적 수사의 모순을 실재에 어떻게 기입할 것인가의 타이밍이 핵심 과제로 등장한다. 말하자면 최시형이 이필제의 기포에 비판적이었으며, 전봉준을 비롯한 절박한 봉기의 시간과 상황에서도 '아직은 때가 무르익지 않았다

(用時用活)'고 판단한, 혁명의 시기에 대한 정확하고 예리한 감각을 직시할 수 있는 능력이 바로 그것이다.

주

1. 『노자와 에로스: 에로스와 생명정치』. 94면 주석.
2. 『天道敎經典』, 「靈符呪文」, 293면, "內有神靈者落地初赤子之心也 外有氣化者 胞胎時 理氣應質而成體也故."
3. 플라톤, 강철웅 옮김, 『향연』, 이제이북스, 2010, 137면.

색인

감정 근육 53
계(契) 120
고부 농민 봉기 170
군민공치(君民共治) 39, 202, 213, 216
기관 없는 신체 29, 62, 67, 72, 108

낮은 단계의 연방제 191, 193
〈노매드랜드〉 19, 20, 47, 188
노자 20, 27-32, 43-46, 54, 60, 61, 62-75, 76, 79-102, 104-107, 133, 135, 156-165, 190, 195, 202
님 웨일즈 117, 124, 125, 126, 130, 145

도법자연 29, 30, 32, 91, 96, 97, 105, 106, 224
도주 51, 99, 122, 126, 152, 167, 180, 208
동학 79-102, 106, 107, 108, 135, 154, 155, 156-165, 166-183, 215-217
동학 농민 봉기 181

동학 인민 봉기 168, 169, 170, 181, 183, 232
동학혁명 93, 168
들뢰즈 20, 32, 33, 34, 35, 36, 37, 59, 62, 65, 67, 86, 96, 118, 165, 187, 196, 211, 222, 247

란다우어 193, 194, 195, 196, 197, 198, 199, 200
레비나스 132, 133, 188, 189, 198

마을 코뮌 78, 196
메타 메시지 61, 86, 247
모심(侍) 42, 43, 45, 46, 63, 79-84, 85, 96, 97, 107, 141, 153, 224, 227, 229-232
무위(無爲) 31, 39-54, 103-108, 152, 202
무위이화 46, 92-98, 143, 213
무위자연 30, 32, 97, 105, 106, 153, 163, 224
무희망의 희망 9, 149, 155, 168, 191

미륵 신앙 사건　121
미륵하생　39, 121, 134, 161, 163
미시 정치　27, 31, 69, 189

베이트슨　61, 62, 86, 242, 246, 247
벤야민　149, 194, 195, 203
병영국가주의　63, 99, 100, 199, 201, 209, 210
분단 자본주의　199, 201
불연기연　64, 85-92, 93, 95, 101, 211, 241-244, 246, 247
빠촘킨 우화　149, 150, 194
쁠랑　19, 34

사랑의 사건　232
상호부조　39, 81, 105, 107, 120, 193, 196, 197
상호부조론(mutual aid)　39
생명의 약동　68, 73, 140, 213, 223
소국과민　75, 76, 105, 106, 133, 193, 194, 202
소수자 되기　25
소진된 인간　199
손병희　177, 178, 179, 180
스피노자　20, 27, 32, 34, 35, 37, 41, 45, 46, 54, 155, 163, 164, 165, 187, 230
『시네마』　187
시장의 성화　98, 99, 102, 209, 211
신에 취한 인간　13, 27
신자유주의　19, 23, 24, 190, 192, 198
신즉자연　13, 27, 37, 163
『신학 정치론』　37, 164

심미적 충동　29, 67, 73, 91, 222

아갈마　79
아나키　124, 131, 132, 133, 135, 187, 188, 189, 193, 197, 198, 199, 200, 202
아리랑　103-131, 134, 135, 136, 144, 145, 146
『아리랑』　117
아이젠슈타인　34, 36
아포리아　11, 30, 41, 43, 45, 46, 49, 69, 83, 85, 89, 104, 135, 146
에로스　27, 28, 30, 32, 43, 44, 45, 46, 68, 70, 71, 72, 73, 75, 76, 77, 78, 79-84, 85, 96, 97, 105, 107, 190, 193, 213, 223, 232
에로스와 정치　28, 32, 76
『에티카』　164
에토스　73
「역사철학 테제」　194
연민과 연대　24, 191
연합제　10, 191, 193
염상섭　100, 101, 208, 209, 210
영해 봉기　157
예속(노예 상태)　54
욕망의 환유　43, 75, 82, 212, 232
용시용활　158, 168
원초적 본성　29, 67, 91, 222
유무상자(有無相資)　39, 153, 202
유물혼성(有物混成)　67
이중 구속(double bind)　61, 62, 64, 66, 69, 76, 86, 96, 100, 101, 113, 138, 146, 210, 242, 246, 247

인민 봉기 39, 40, 46, 156, 157, 166-181, 182, 183, 199, 202, 232

자연주의 19-21, 27, 34, 37, 165, 187, 188
『장길산』 122, 123, 161, 162
전봉준 39, 46, 87, 92, 93, 156, 166, 168, 170, 171, 172, 173, 174, 176, 177, 178, 179, 183, 201, 247
전주 화약 173
정동-이미지 20, 34, 35, 47, 187
정한론 173, 175
조선 유학 40, 152, 153, 157, 159, 160, 161, 163, 166, 167, 169, 216, 230, 245, 246
〈조커〉 47, 49, 188
주이쌍스 26
지역 자치 10, 174, 193, 199, 201
집강소 174, 175

차연(différance) 64, 72, 83, 96, 242
청일전쟁 40, 159, 168, 175, 176
초월적 경험론 67, 222
최시형 41-46, 84, 85, 87, 95, 98, 106, 107, 149-155, 156-158, 160, 163, 168, 169, 173, 174, 177-183, 187, 201, 210, 212, 216, 245, 246
최인훈 76, 78, 141
최제우 39, 42, 43, 45-46, 107, 135, 142, 153, 154, 156, 157, 160, 161, 187, 201, 208, 212, 216, 220, 221, 223, 224, 230, 231, 232, 245, 246
충동 27, 29, 33, 34, 35, 37, 38, 47, 51, 52, 53, 54, 67, 73, 91, 164, 165, 187, 188, 191, 222
충동 모티브 34, 165
충동-이미지 15, 17, 19, 20, 34, 35, 37, 47, 53, 55, 187, 188
『취우』 98-102, 144, 208, 209, 210, 211

카프카 59, 60, 69, 149, 150, 151, 155, 194
코나투스 15, 35, 55, 57, 102, 108, 155, 164, 191
코라(khōra) 66
클로즈업 22, 26, 36, 47, 48, 53

탈영토화 118, 119, 136, 191
텅 빈 충만 43, 45, 83, 85, 89
테야르 드 샤르댕 42, 73, 80, 81
『티마이우스』 66, 82

판차야트 198
「포덕문」 86, 93, 207-217
포접제(包接制) 39
포태의 원리 44, 84
피터 시거 117, 124

『한국휘보(韓國彙報)』 110
현묘 28, 30, 46, 61, 66, 89, 95, 96, 98, 101, 104, 105, 107, 108, 131, 153, 154, 155, 208, 210, 212
현빈(玄牝) 30, 44, 66, 67, 83, 90, 96, 102, 211
호머 헐버트 110

〈환상소곡〉 118
활동하는 무 108, 119, 136
『회색인』 76-78, 141
후천개벽 43, 83, 87, 106, 155, 158, 159, 201, 213, 230, 232

6·15남북공동선언 10, 191

[사족]

이 글은 내가 60여 년 어쩔 수 없이 습득해 온 이런저런 공부(삶)와 결별하기로 다짐한 후 꾸린 첫 글이자 마지막 그것이 될 가능성이 크다. 오염된 언어로부터 새로워진다는 것은 감내하기 힘든 인내와 그만큼의 궁핍한 내면이 요구되었다. 켜켜이 쌓인 식민의 언어와 노예적 사유로부터의 결별은 독서의 급격한 위기를 불러왔으며, 쓰기의 위기가 이어졌다. 신체의 위기가 뒤따라왔다. 무망했다. 희망 없는 삶은 그러나 시방 이 땅에 창궐해 있는 식민의 언어와 노예적 사유와의 단절에 비하면 아무것도 아니다.